『苦境《ピンチ》を好機《チャンス》にかえる法則』推薦の言葉

「世界中の未来のリーダーが――もちろん現在のリーダーも――ベッドサイドに

ロバート・グリーン：『権力（パワー）に翻弄されないための48の法則』（パ　　、ス
タリー』（新潮社）の著者

「ライアンは哲学を教室から引きずり出して、本来あるべき場所――私たちの日　　して
くれた。今何か問題を抱えている人に、冷静に落ち着いて対処するすべを与えて　　人生
のユーザー・マニュアル。折にふれて読み返すことで、どんな障害でも切り抜け　　で
も解決できるようになる。人生における必読の一冊」

ジミー・ソニ：ハフィントンポスト元編集長　『ローマズ　ラスト　シチズン（Rome's Last
Citizen）』の著者

「まずはマルクス・アウレリウス、次はフリードリヒ大王……そして今度は君の番。障害や試練を受け入れることで幸せな人生をつくりあげる方法を、この本は君に与えてくれる」

クリス・ギレボー：『一万円起業』（飛鳥新社）の著者

「薄手ながら読み応えのある本書によって、ライアン・ホリデイは、自分の人生を自分らしく生きる道に、力強く輝かしい光を当てた。失敗や挫折、さらには昔からおなじみの日常的な不満をも有効なものに変え、切り抜ける戦術を授けてくれる。私たち一人ひとりがその戦術を、夢を追いかけるツールとして活用すればいい。本書を読み、そこから学び、夢をつかもう！」

ナンシー・F・ケーン：歴史家、リーダー論の専門家、ハーバード・ビジネススクール

「私の人生は障害の連続だった。障害を乗り越え、成功を収めるには鍛錬（と手痛い失敗）が必要だ。ライアンの本はまさにそのノウハウを教えてくれる」

ジェームス・アルタッチャー：投資家　『チューズ　ユアセルフ（Choose Yourself）』の著者

「スターウォーズのジェダイの騎士になるためのハンドブックがあるとすれば、本書がまさにそれだ。『苦境《ピンチ》を好機《チャンス》にかえる法則』は、古今東西の哲学者や偉人たち――アレキサンダー大王からマルクス・アウレリウス、スティーブ・ジョブズまで――が用いた自制のための普遍的テクニックを、凝縮して分かりやすく伝えてくれる。その教訓に従い、人生に革命を起こそう。ホリデイが言うように

『シンプルだけれど奥は深い』。さあ、本書を読もう！」

スティーヴン・プレスフィールド：『やりとげる力』（筑摩書房）、『炎の門』（文藝春秋）の著者

「見事な一冊。自分を向上させたい人はぜひ読むべき」
カマル・ラビカント：『ラブ　ユアセルフ　ライク　ユア　ライフ　ディペンズ　オン　イット（Love Yourself Like Your Life Depends On It）』『リブ　ユア　トゥルース（Live Your Truth）』の著者

「マルクス・アウレリウスとストア派の考え方に触発され、ライアン・ホリデイは素晴らしく読み応えのある本を書いた。まだ若い彼だが、人生の苦難に対処し、ネガティブをポジティブに変える方法を伝授してくれる。価値ある一冊だ」
フレデリック・ブロック：アメリカ連邦地方裁判所判事

「ライアン・ホリデイは私たちが真の力を発揮する方法を教えてくれる。私たちはたいてい、嫌なことから逃げ回って日々を送っている。ホリデイはこの生き方が悲劇的な誤りだと暴き、代わりに知恵

を与えてくれた。私たちを恐れや苦しみや麻痺から勝利へと導いてくれる、ストア哲学という時を超えた知恵を」

シャロン・ルベル：『ジ　アート　オブ　リビング（The Art of Living）』の著者

苦境《ピンチ》を好機《チャンス》にかえる法則

ライアン・ホリデイ 著
金井啓太 訳

THE OBSTACLE IS THE WAY

The Timeless Art of Turning Trials into Triumph

by Ryan Holiday

Part I

ものの見方 ― Perception

Part II

行動

Action

Part Ⅲ 意志 — Will

序文

西暦一七〇年のある夜のこと。ゲルマニアでの戦いの前線にあったローマ帝国皇帝マルクス・アウレリウスは、テントの中で腰を下ろして、ある文章を書いた。あるいは、それは夜明け前のローマの宮殿でのことだったかもしれない。それとも、円形闘技場《コロセウム》の観戦中に、眼下で繰り広げられる死闘からしばし目をそらせて書きつづったのかもしれない。正確にどこであったかは問題ではない。大事なのは、五賢帝の最後の人物として知られるこの男が、どこかで座してその文章を書いたということだ。

誰に見せるつもりも公表するつもりもなく、自分のためだけに書いた文章だ。そしてそれは、人生で遭遇するあらゆる苦境を乗り越えるための原則を示すものだった——間違いなく歴史上、最良の原則だ。単に逆境に負けないだけではない。逆境を糧にして成功するための原則である。

アウレリウスが書いたのはほんの一段落だ。しかもその思想自体は、アウレリウスの独創とは言いがたく、彼の師や先学たちの影響を強く受けている。しかしアウレリウスはその短い文章によって、時代を超える真理を見事に表現した。彼の前にも偉大な哲学者はたくさんいたが——クリュシッポス、ゼノン、クレアンテス、アリストン、アポロニオス、ユニウス・ルスティクス、エピクテトス、セネカ、ムソニウス・ルフスなど——こんなことをやってのけたのはアウレリウス一人だった。

何も言わず、次の文章を読んでいただこう。

われわれの活動が障害に阻まれることはある……だが、意志や心構えまでも阻まれることはない。われわれは、どんな苦境にも合わせて自分を変えていけるからだ。精神の働きによって、活動の妨げになるものを、目的の達成に役立つものに変えてしまえばいい。

最後はのちの金言となる力強い言葉で締めくくった。

活動の妨げとなっていたものが、かえって活動を促してくれる。
道に立ちふさがっていたものが、新たな道を指し示してくれる。

アウレリウスの言葉の中に、「ピンチをチャンスに変える」技の鍵がある。どうにもならない状況に縛られていても、目的地へ行くための抜け道や迂回路は必ず存在する。旅の途中で、障害に道を阻まれることは覚悟しておかねばならないが、その状況がいつまでも続くわけではない。道を阻むものが、かえって力を与えてくれるのだということを頭に刻んでほしい。

先に挙げたアウレリウスの言葉は、決して机上の空論ではない。アウレリウスが皇帝の座にあった一九年間、ひとときも心安まるときはなかった。ひっきりなしに戦争が起き、恐ろしい飢饉があり、妻の不義のうわさがあり、腹心が謀反を企て、広大な帝国中を幾度も遠征しなければならず（小アジアからシリア、エジプト、ギリシャ、オーストリアまで）、国庫は急速に枯渇し、おまけに享楽好きで無能な義弟と二人で国を治めねばならなかった。

にもかかわらず、アウレリウスはそうした障害を一つ残らず、さまざまな徳——忍耐、勇気、謙虚さ、機転、理性、正義、創造性——を実践する好機だとみなしたようだ。アウレリウスは権力の座にあっても慢心しなかった。ストレスや重圧にも負けなかった。アウレリウスが激したり怒ったりすることはめったになく、人を憎んだり口汚くののしったりすることもまずなかった。イギリスの批評家マシュー・アーノルドは一八六三年に書いた評論で、アウレリウスこそ世界で最も気高く、力強い人物であると賞賛した。その証拠に、アウレリウスは同時代の人々からも大変敬われ慕われていたという。アウレリウスがあの短い文章に凝縮した知恵は、ほかの人々の人生にも見受けられる。歴史上、アウレリウスと同じ道を歩んだ人が大勢いたのだ。これはまさに、時代を超えて受け継がれてきた不変の真理である。

ローマ帝国衰亡の時代に生まれたこの知恵の系譜は、やがて、ルネサンスの創造力のほとばしり、さらに啓蒙思想の興隆へとつながっていった。アメリカ西部の開拓者精神や、南北戦争での北軍の大義（奴隷解放）の堅持、産業革命の活気にも、その影響がはっきりうかがわれる。アウレリウスの知恵はその後も、公民権運動の指導者たちの勇敢さとなって現れ、ベトナムで捕虜となったアメリカ兵の心の支えにもなった。こんにちではシリコンバレーの起業家のDNAにもはっきり刻まれている。

この哲学的な姿勢は、自分で道を切り開こうとする人の活力となり、大きな責任や問題を抱えている人の救いとなる。戦場でも役員室でもどこでも、どんな時代でも、集団や性別、階級、主義、職業の違いにかかわらず、誰もが障害にぶつかり、乗り越えていかねばならないときがある。だからこそ、障害をひっくり返し好機に変える方法を覚える必要があるのだ。

この闘いは誰の人生でも避けられない。意識したことはないかもしれないが、私たちは皆、古来の伝統というものを受け継いでいる。そしてそれを使っていつの時代も変わらぬ、「ピンチとチャンス」「試練と勝利」が訪れる人生をなんとか渡っているのだ。

私たちはこの伝統の正統な継承者である。生まれながらその権利を手にしている。どんな困難に直面しても、二つの道から選ぶことができる。障害に道を阻まれるか、障害を乗り越えて前に進むか。

私たちが皇帝になることはないだろう。それでも、この世界では常に試練が待っている。世界は私たちにこう問いかけてくる。

「君にその力はあるか？　否応なく次々と行く手に立ちふさがる問題を、切り抜けることができるか？　立ち上がって、君の真の姿を見せる勇気があるか？」。

これまでも、この問いに首を縦に振る人はたくさんいた。その中でさらに一握りの人は、単に覚悟を決めるだけでなく、実際に試練に直面するたびに自分を奮い立たせ、成功をつかんだ。逆境に陥ったからこそ、自分を磨き成長できたのである。

さあ、次は君の番だ。君もそんなふうになれるだろうか？　彼らの仲間に入れるだろうか？

はじめに

今、君の目の前にあるもの、トラブル、障害――いらだたしく、嘆かわしく、厄介で、予想もしていなかったその問題のせいで、君はやりたいことができない。ずっと恐れていたことが、絶対に起こりませんようにとひそかに願っていたことが、とうとう現実になってしまった。でももしそれが、それほど悪くないものだとしたら？

もしそこに、何らかのチャンスが眠っているとしたら？　あるいは、もともと備わっているとしたら？　しかも、君一人のためのチャンスだとしたら？　君はどうする？　ほかの皆はどうすると思う？

おそらくこれまで皆がしてきたことは、そして君も今しようとしていることは、「何もしない」ということだ。

認めてしまおう。私たちは皆、麻痺してしまっている。一人ひとり目標は違っても、行く手に立ちはだかるたくさんの障害を前に、ほとんどの者は足がすくみ凍りついてしまう。

残念ながらそれが事実だ。

障害の正体ははっきりしている。全体的なものとしては、旧来の制度の崩壊、失業率の増加、教育費の高騰、技術革新による社会の変化が挙げられる。個人的なものとしては、背が低い、年をとった、臆病だ、貧乏だ、ストレスが多い、資格がない、支えてくれる人がいない、自信がない、などなど。よくもまあこんなにできない理由を並べ立てられるものだ。

障害となるものは一人ひとり違う。でも、そこから生じる反応はみな同じ。恐れ、不安、混乱、絶望、憂鬱、怒りだ。

自分が何をしたいのかは分かっているのに、何か目に見えない敵に邪魔されているように感じる。まるで、枕で頭を押さえつけられているみたいに。目的地へ向かおうとすると、決まって何かに道を阻まれるのだ。一歩動くたびに、それがついてきて邪魔をしてくる。なんとか前に進もうという気にはなれても、最後までやり遂げられる気はせず、勢いもつかず、自分を責めるくらいが関の山だ。

私たちは皆、自分の仕事や人間関係に、つまりこの世界での立ち位置に不満をもっている。そこで、どこかほかの場所へ向かおうとするのだが、そのたびに障害が立ちはだかる。

だから、私たちは何もしないのだ。

上司や経済や政治家など、周りのせいにしたり、自分はだめな奴だ、そんな目標は不可能だと決めつけたりして何もしない。でも、本当の原因は一つしかない。それは――自分の考え方や態度だ。

成功する方法についての教え（や本）は世の中にあふれている。しかし、失敗をどのように克服するか、障害とはどんなもので、どのように対処し、乗り越えればよいのかを教えてくれる人は皆無だ。

だから皆、行き詰まってしまう。四方を壁に取り囲まれて戸惑い、受け身になり、途方に暮れている。どうすればよいか分からないのだ。

けれども、誰もが麻痺しているわけではない。どうやら世の中には、私たちがくじけてしまう障害を足がかりにして、飛躍を遂げる人もいるようなのだ。どうしてそんなことができるのだろう？　何か秘訣があるのだろうか？

それに、考えてみれば不思議な話だ。前の世代の人々は、今よりもセーフティーネットが少なく、利用できるツールも少ないなかで、さらに難しい問題に直面していた。彼らは、今の私たちと同じ障害と闘いながら、次の世代のために必死で障害を取り除こうとしてくれた。それなのに私たちは、いまだに行き詰まっている。

障害をバネにして前に進む人たち。彼らにはあって私たちに欠けているもの――それは何だろう？

答えは簡単。人生でぶつかる障害の意味を理解し、感謝し、それに応じて行動するための方法、枠組みである。

石油王ジョン・D・ロックフェラーの場合は、冷静沈着さと自己規律だった。古代ギリシャアテネの雄弁家デモステネスの場合は、行動と実践を通じて自分を向上させようという飽くなき欲求だった。アメリカ合衆国第一六代大統領エイブラハム・リンカーンの場合は、謙虚さと忍耐力、そして思いやりと意志の強さだった。

本書ではほかにも次のような偉人が繰り返し登場する。ユリシーズ・S・グラント、トーマス・エジソン、マーガレット・サッチャー、サミュエル・ザムライ、アメリア・イアハート、エルヴィン・ロンメル、ドワイト・D・アイゼンハワー、リチャード・ライト、ジャック・ジョンソン、セオドア・ルーズベルト、スティーブ・ジョブズ、ジェームズ・ストックデール、ローラ・インガルス・ワイルダー、バラク・オバマなどである。

偉人たちのなかには、投獄されたり病気で苦しんだり、想像を絶する苦難に見舞われた者もいる。そしてもちろん偉人たちも、私たちと同じように日々いろいろな不満を抱えていた。ライバルとの競争、政治的逆風、予想外の展開、抵抗、保守的傾向、関係の破綻、ストレス、経済危機といった問題に直面していたのだ。あるいは、もっと過酷な問題にも……。

そうした苦境に陥って、彼らは生まれ変わった。その変貌ぶりを説明するには、インテルの元CEOアンディ・グローブが激動期の企業の運命を評した言葉がぴったりくる。「悪い企業は危機によって淘汰され、良い企業は生き残る。偉大な企業は危機によって成長を遂げる」。

偉大な人物も、偉大な企業と同じく、弱みを強みに変える道を見つける。これにはまったく驚かされる。感動的と言ってもよいほどだ。彼らは、行く手を阻む障害と向き合い（ひょっとしたら、ちょうど今君の前に立ちふさがっている障害と同じものかもしれない）、それを足がかりにして前に進む。

実はこれこそが、歴史上の偉人に共通する特徴なのだ。酸素が多いと火が激しく燃え盛るように、障害というものを、目標を達成しようとする情熱の燃料にしてしまう。何者も彼らを止めることはできない。やめさせようとしたり、押さえつけようとしても無駄だ。どんな障害が現れても、情熱の炎をさらに激しく燃え上がらせるだけなのだ。

彼らこそ、立ちはだかる障害をくつがえした者たちだ。マルクス・アウレリウスの言葉を実践し、キケロがまさしく「真の哲学者」と呼んだ古代のストア哲学者に従った者たちだ。なかにはストア派の書物をまったく読んだことのない者もいたかもしれない（注）。それでも彼らには例外なく、目の前の障害をありのままに見る力、障害を切り抜ける創意の才、そして自分の理解と力のほとんど及ばない世界を耐え抜く意志があった。

（注）ストア学派の思想は実に魅力的で、きわめて重要な哲学だと思う。とはいえ、今現在を生きる皆さんには歴史の講義につきあう時間はないことも承知している。皆さんが求めているのは、目の前の問題に役立つ具体的な戦略であるから、本書ではそちらに注力する。ストア哲学について詳しく知りたい方、お勧めの書籍を知りたい方のために巻末に文献リストを用意している。

実を言えば、私たちがじっと耐えるしかないほどの苦境に陥ることは、めったにない。大したことはない不利益を被るとか、望ましいとはいえない条件に甘んじるとか、その程度のことが多い。あるいは何かに懸命に取り組むものの、気がつけばライバルに負かされ、無理をしすぎて途方に暮れてしまうとか。ここでもやはり同じロジックが当てはまる。問題をひっくり返して裏側から見る。明るい点、有利な点を探す。それを燃料《エネルギー》にする。

実にシンプルだ。シンプルだが、むろん簡単ではない。

本書は、美辞麗句を並べ立てて楽観主義を唱える本ではない。どう見てもだめな人に大丈夫だなんて言わないし、片頬を打たれた人にもう片方の頬も差し出せとも言わない。故事成句のたぐいや、耳障りはよいが無益な格言を引用することもない。

ストア哲学の思想や歴史を学問的に論じることもしない。ストア哲学について書かれたものは世の中にたくさんあるし、その多くは偉大な哲人や思想家の手によるものだ。その内容をここで改めて書く必要はない。オリジナルを読んでもらえばいい。哲学の書ほど分かりやすいものはない。一千年前に書かれたものでも、まるで一年前に書かれたように感じるほどだ。

けれども私は、全力を尽くしてそうした知恵や教訓を集め、理解し、こうして本にまとめあげた。古代の哲学書では出典や独創性というものはあまり考慮されなかった。書き手は皆、本や日記や歌や詩や物語の形で伝えられてきた先人の英知を自分なりに咀嚼し、説明しようと努力したのだ。こうして数千年にわたる人類の経験が、るつぼの中で溶け合い、純化されてきた。

本書によって、この知恵の結晶を君にも伝えたい。それによって、私たち皆にとって切実の度を増している目標——障害の克服——を達成できればと願っている。私たちの行く手を阻む、精神的、身体的、感情的、経済的、感覚的なさまざまな障害を乗り越えられるように……。

　私たちは日々そうした障害に直面し、社会全体が麻痺に陥っている。この本を書いたことで君が障害と向き合い、取り除くことがいくらかでも楽になるのなら、それで十分なのかもしれない。けれども、私はもっと高いゴールをめざしている。どんな障害でも「チャンス」に変える方法を伝えたいのだ。

　そのために本書ではとことん実利主義に徹する。歴史上の偉人たちを鑑《かがみ》にして、どんな苦境に陥ってもあきらめず、創意工夫で切り抜ける技をお教えしようと思う。行き詰まったり、やっつけられたり、束縛されたりしない方法。人生で遭遇する幾多の苦境を順境に変える方法。そして少なくともそこから何らかのメリットを引き出す方法。不運の中からだって幸運をかすめとることはできるのだ。

「どうすれば、それほど悪くない状況だと思えるのか？」——これではまだまだ。「これは良い状況だ」と自分に言い聞かせ、確信しなければ。新たな足がかりを築き、前進し、良い方向へ向かうためのチャンスなのだ、と。「ポジティブになる」だけでは足りない。常に知恵をめぐらせ、創意工夫を働かせてチャンスを探そう。

×「これはそれほど悪くない」
○「これはチャンスに変えられる」

これは誰にでもできる。これまでもたくさんの人がしてきたし、今この瞬間にも実行することができる。それこそ毎日でも。本書を読めば、君もこの力を解き放つことができる。

◆私たちの前に立ちはだかる障害

古い禅の逸話にこんなものがある。一人の王がいて、家臣がだらけて偉ぶるようになったことを嘆いていた。そこで王は戒めようと考えた。王の計画は簡単だった。街道の真ん中に巨大な丸い岩を置き、街への入り口を完全に塞いでしまう。それから王は近くに隠れ、家臣たちの反応を観察する。

彼らはどんな反応をするだろう？　皆で力を合わせて岩を取り除く？　それともあきらめて立ち去り、家へ帰ってしまう？

がっかりしたことに、王の目の前で家臣たちは次々と障害物のところへやってきては、すごすごと引き返していった。なんとかしようというそぶりを見せる者もいたが、それもすぐにあきらめてしまった。皆こぞって王をののしり、不運を呪い、不便を嘆いたが、具体的な行動を起こす者は誰もいなかった。

数日後、一人の農夫が街をめざしてやってきて、その巨岩にぶつかった。男は退かなかった。うんうんと力をこめて押すが、岩は動かない。それから男はふとひらめき、近くの森へ走っていって、何かてこに使えそうなものを探した。やがて大きな枝で作ったてこを手に戻ってくると、それを使って岩をどかした。

岩の下には金貨の入った財布と、王からの短い書き付けがあり、こう書いてあった。

「道を阻む障害が道となる。忘れるな。どんな障害のなかにも、状況を改善するチャンスが眠っている」

君の道を阻んでいるものは何だろう？

――物理的なもの？　体格や人種、距離、身体の障害、お金など。

――精神的なもの？　恐れや不安、経験不足、偏見など。

ひょっとしたら君は、周りの人に軽く扱われているのかもしれない。年をとりすぎたと思っているのかもしれない。支援してくれる人がいなかったり、資力が足りなかったりするのかもしれない。法律や規則のせいで、それとも義理や恩義のために、自分のしたいことができないのかもしれない。あるいは、間違った目標を掲げていたり、自己不信に陥っているのかもしれない。

どんなものかは分からないが、それが君の、いや誰もが置かれている状況だ。

そして――それは障害である。

それは確かだ。否定しようとは思わない。

ただ、次のような人たちがいたことも知ってほしい。体の小さな運動選手。視力の弱いパイロット。時代の先を行きすぎて変人扱いされた天才。人種差別の犠牲者。学校中退者や失読症者。父親のいない子供、移民、成り上がり者、厳格主義者、信奉者、夢想家などと呼ばれ白い目で見られた人たち。あるいは、生存自体が日々脅かされるような極貧で育った人たち。彼らは皆、どんな道を歩んだのだろう?

たぶん、あきらめた人がほとんどだ。けれども、そうでない者もわずかにいた。彼らにはほかの人の二倍、試練が降りかかったが、負けずに自分を鍛えた。近道や抜け道を探した。見知らぬ人ばかりのなかで仲間を見分けた。ときにはひどい目にも遭った。何もかもがくつがえさねばならない障害だった。

それで?

そうした障害のなかに眠るチャンスを、彼らはつかんだ。そして、それを糧にして偉業を成し遂げたのだ。彼らから学べることは多い。

仕事探しに苦労している。差別と闘っている。資金不足に陥っている。人間関係に苦慮している。手強い敵と角を突き合わせている。言うことを聞かない部下や学生に頭を抱えている。アイデアが浮かばなくて行き詰まっている。そんな状況に陥っているときでも、必ず道はあることを忘れてはいけない。困難にぶつかったときも、それをチャンスに変えることはできるのだ。多くの偉人たちがそうしてきたように。

政治、経済、芸術、恋愛……何であれ偉大な勝利をつかみとるには、想像力と集中力、大胆さを存分に発揮して、厄介な問題を片付けていく必要がある。何か目標を掲げると、そこには必ず障害が現れるが、それは君がめざす場所へと誘導してくれる――つまり道を開いてくれるのだ。ベンジャミン・フランクリンも言うように「つらい経験から、なすべきことが分かる」のである。

私たちがこんにち直面している障害は、ほとんどが外部環境ではなく私たちの内面にある。第二次大戦以降の世界は歴史上最も繁栄した時代と言っていい。敵対する軍は減り、致死的な病気も減り、セーフティーネットもどんどん増えている。それでも理想の世界とはほど遠い。

対立する敵がいなくなった代わりに、私たちは心の緊張を抱えるようになった。仕事のストレスに悩むようになった。期待は裏切られ続けた。絶望感というものを知ることになった。そうして私たちは相も変わらず、悲嘆、苦痛、喪失といった感情に打ちのめされている。

現代を生きる私たちの問題、それは何でもありすぎることだ。すさまじい速度で進む技術革新、山のようなジャンクフード、生き方を縛るあれこれの慣習……私たちはやわで、ぜいたくで、何でもしてもらって当たり前、そして傷つくのがこわい。平穏な時代にはそんなふうに人が弱くなる。豊かさがかえって障害となってしまう例は少なくないのだ。

私たちの世代に必要なのは、障害を乗り越え、かつてないほど混乱した時代を生き抜く方法だ。身に降りかかる問題をひっくり返しキャンバスに仕立てて、そこに傑作を描くための方法。この方法は誰にでも応用がきく。起業家であれ芸術家であれ、スポーツのチームであれコーチであれ、苦闘する作家であれ、哲人であれ、熱心なサッカー少年の母親であれ、誰にでも……。

◆障害を乗り越える方法

今この瞬間に、客観的な判断をせよ
今この瞬間に、利他的な行動をせよ
そして今この瞬間に、外部の状況をありのままに受け入れよ
なすべきことはそれだけだ

マルクス・アウレリウス

障害を乗り越えるには自分を鍛える必要があり、それは三つの重要な段階からなる。
(一) 個々の問題に対する見方や態度、向き合い方。
(二) 問題を克服してチャンスに変えるためのエネルギーとクリエイティビティ(創造性)。
(三) 敗北を認め、困難と向き合うために内なる意志を育て養うこと。

この三つは互いに独立しながらも関連し合い、状況によって変化する。簡単にいえば、（一）は「ものの見方」、（二）は「行動」、（三）は「意志」である。

実にシンプルなプロセスだ（だからといって決してやさしくはない）。

ではこれからこの原則《プロセス》を実践して、歴史、ビジネス、文学に名を残した偉人たちの軌跡を見ていこう。具体例をとおして三つの段階をそれぞれさまざまな角度から見ていくうちに、その精神が頭に染み込み、その神髄を会得できる。そうなれば、どうにもならない状況でも道を切り開く方法が見えてくるはずだ。

こうした実践者たちの物語から、よくある障害への対処法を学ぶことができる。つまりどこかから閉め出されたとか、逆に囲い込まれたとかいった、いつの時代にも現れるたぐいの障害である。そしてそうした普遍的な障害への対処法を、私たちの生活に生かすにはどうすればよいかが分かる。障害というのは、覚悟しておくべきものであるばかりか、歓迎すべきものでもあるのだ。

歓迎する？

そのとおり！　障害は、本当はチャンスなのだから。自分を試し、新しいことに挑戦し、最後に勝つためのチャンスなのだ。

目の前の障害が、君の進むべき道を示してくれる。

Part I

ものの見方 — Perception

ものの見方とは何だろう？　それは、身の回りの出来事をどのようにとらえ、理解するかということである。また出来事の意味を判断することでもある。私たちのものの見方は、強さの源泉にもなれば、大きな弱点にもなる。感情に流されたり、主観におぼれたり、視野が狭まったりすれば、困難が増すばかりだ。周りの状況に押しつぶされないためには、古代の哲人たちのように、感情や衝動を抑え、人生をコントロールするすべを学ぶ必要がある。訓練によってその技を身につければ、誤ったものの見方を退け、信頼できる徴《しるし》とそうでない徴とを区別し、偏見や思い込み、不安を取り除くことができる。簡単ではないが、挑戦する価値は大いにある。正しいものの見方を身につければ、真の状況が見えてくるからだ。状況が見えていれば、皆が興奮したり怖がったりしているときにも冷静沈着でいられる。物事をありのままに見ること――本当は状況に良いも悪いもないのだ。これを知っているだけで、障害との戦いがすごく楽になる。

THE DISCIPLINE OF PERCEPTION

第一の鍛錬――ものの見方

「石油王」として知られるジョン・D・ロックフェラーは、石油事業に乗り出す前は商店勤めの一介の簿記係にすぎなかったが、成功を夢見ていろいろな事業に投資していた。いわばオハイオ州クリーブランドのしがない投資家だった。父親が大酒飲みのペテン師で、ほとんど家族をかえりみないような家庭に育ったロックフェラーは、一八五五年、一六歳のときに初めて仕事に就いた（のちにこの日を「仕事始めの日《ジョブ・デイ》」と呼んで生涯祝った）。一日五〇セントの稼ぎで何の不満もなかった。

そのとき、恐慌が起こった。「一八五七年の恐慌」と呼ばれる金融危機がアメリカ全土を襲ったのだ。震源はオハイオ州で、なかでもクリーブランドは大打撃を受けた。会社が次々に倒産し、穀物の価格が国中で暴落するなか、西部への移住・開拓に急ブレーキがかかった。その結果、深刻な不景気が何年も続いた。

ロックフェラーも、普通の感覚なら怖じ気づいていたところだ。史上最大の不況に見舞われたのである。それもようやく仕事を覚えてきたところに。父親がそうだったように、戦わず逃げ出してもおかしくなかった。金融の仕事に見切りをつけ、もっと無難な仕事に鞍替えしても不思議はなかった。だがロックフェラーは青二才だったにもかかわらず、泰然として、慌てるそぶりを見せなかった。自分の財産がみるみる減っていく状況でも、平静さを失わなかった。誰もが無一文になっていくなかで、彼だけが冷静に状況を見ていたのだ。

ロックフェラーはこの経済の大混乱を嘆くのではなく、めったに出合えない貴重な事件と受け止め、熱心に観察した。ひねくれ者と言われても仕方ないが、彼は事件全体を学習の機会として、市場が自分に与えた試練としてとらえることにした。淡々と節約に励みお金を貯めながら、ほかの人たちが失敗する様子をつぶさに観察した。その結果、アメリカ経済には脆弱な部分がいろいろとあったのに、世間の人は見て見ぬふりをし、変化やショックに対して何の備えもしていないことが分かった。

ロックフェラーはそこから重要な教訓を学び、生涯胸に刻んだ。「市場は本質的に予測不可能であり、ときに残酷だ。理性と自制心を働かせる者だけが、市場で利益を得られる」。人々の憶測が恐慌を招いたことに、ロックフェラーは気づいていた。どんなときも「正気を失った大衆」の波に乗ってはならない。

ロックフェラーはこの教訓をすぐに活用した。二五歳のとき、五〇万ドルもの資金を出資しようという申し出を受けた。出資者らに代わってロックフェラーが有望な油井《ゆせい》を見つけ、そこに投資するという話だった。絶好のチャンスである。ロックフェラーはさっそく出発し、近くの油田を見て回った。

ところが数日後、何の収穫もないまま、ロックフェラーはクリーブランドに戻ってきた。出資者たちはあ然とした。彼は渡された資金を一セントも使わず、何の投資もしてこなかったのだ。いくら市場が石油の掘削に湧いていようとも、ロックフェラーの目には危険な賭けと映った。だから資金をすべて出資者に返して、石油の掘削には手を出さなかったのである。

このように厳しく自己を律し、客観的な視点を失わなかったからこそ、ロックフェラーはその生涯で幾多の障害にぶつかっても――南北戦争、一八七三年、一九〇七年、一九二九年の三度にわたる恐慌――、そのたびにチャンスをつかむことができた。「私はどんな惨事のなかにもチャンスを見いだそうとした」と、ロックフェラー自身が語っている。これに一言付け加えるなら、どれほど魅力的な状況でも誘惑に乗らず、感情に流されない強さがあったということだ。

こうして最初の危機から二〇年後には、ロックフェラーは石油市場の九割を独占するまでになっていた。がつがつと目先の利益を追いかけた競争相手は皆、姿を消していた。共に仕事をした仲間たちは怖じ気づき、株を売り払って事業から手を引いていた。彼を信じない臆病者たちは皆、チャンスを棒に振っていた。

その後の人生でも、混乱した状況ほど、ロックフェラーの冷静沈着さは真価を発揮した。皆がパニックに陥ったり、欲に目がくらんだりしているときほど、その落ち着きぶりは際立った。ロックフェラーの資産の大半は、こうした市場の変動に乗じて築いたものだ。そんなことができたのも、ロックフェラーだけが慌てずに状況を注視していたからだ。この卓見はこんにちにも受け継がれている。現代の投資家ウォーレン・バフェットの有名な言葉を紹介しよう。

「皆が貪欲になっているときこそ慎重になり、皆が慎重になっているときこそ貪欲になれ」

ロックフェラーも偉大な投資家の例に漏れず、いっときの衝動に流されることなく、どんなときも客観的で揺るぎない常識に従った。

ある批評家がロックフェラー帝国の恐ろしさを語った際、スタンダード・オイル社を中心とするトラストを「神話に出てくる変幻自在の化け物」になぞらえたことがある。ライバル企業や政府がトラストを解体しようといくら試みても、そのたびに姿を変えて逃げ延びたからだ。この批評には批判がこめられているが、これこそが実は、ロックフェラーの人格のなせる業なのだ。粘り強く柔軟で、冷静かつ才気煥発。実に彼は何事にも動じることがなかった。経済危機にも、魅惑的なまやかしのチャンスにも、意地悪な敵の攻撃にも。連邦政府の検察官を前にしても取り乱すことはなかった（検察がロックフェラーを証人として尋問した際、手強い相手だったと伝えられる。ロックフェラーは決して挑発に乗らず、自己を弁護しようともせず、終始淡々と受け答えした）。

ロックフェラーは生まれつきこうだったのだろうか？　いや違う。後天的にこうした態度を身につけたのだ。彼はこのように自己を律するすべを、人生のどこかで学んだ。始まりは一八五七年のあの危機だった。ロックフェラーはのちにこの体験を「逆境と苦難の学び舎」と呼んでいる。

「人生の出発を切るために苦労する機会を与えられた若者は、なんと幸運なのだろう」と、ロックフェラーは語っている。「見習い勤めをしていたあの三年半と、乗り越えねばならなかった苦難の数々に心から感謝している。この気持ちを生涯忘れることはない」。

もちろんロックフェラーと同じ時代に、同じ苦難を経験した人はたくさんいる。皆、同じ学び舎に通ったのだ。だがロックフェラーのように動いた者はほとんどいなかった。逆境のなかにチャンスを見いだす心構えができていなかったのだ。しかし彼らの身に降りかかったのは、本当は救いがたい不運などではなく、願ってもない学習の機会だった。経済史上まれに見る事件から、学ぶことができるチャンスだったのだ。

人生ではさまざまな障害にぶつかる。公平なものもあれば不公平なものもある。そしてそのたびに痛感することになる。その障害が何であるかよりも、それをどのように見るか、どのように対処するか、平静を保てるか、といったことのほうが大切であると。その対応の仕方によって、障害をうまく乗り越えられるかどうかが決まる。うまくやれば、障害を糧にして飛躍できるかもしれない。

苦境に際して、それをピンチだととらえる人もいれば、チャンスだととらえる人もいる。成功に目がくらむ人もいれば、冷徹に現実を見ている人もいる。感情に流されてしまう人もいれば、平静を失わない人もいる。憂鬱、絶望、恐れ、無力感といった感情はどれも、自分の「ものの見方」から生じるものである。どうか理解してほしい。君がそんなふうに感じるのは誰に強制されたわけでもない。君自身がそうした感情に屈することを選んだのだ。ロックフェラーのように屈しないことを選ぶ者もいるということを忘れないでほしい。

まさにこの点、つまり周りの状況に対する「ものの見方」が、ロックフェラーと世間の人々との違いだ。そしてこれこそが、ロックフェラーの信じがたい成功の秘訣だったのだ。注意深く、慎重で、自信に満ちたその心的態度が、とてつもない力を生んだ。皆が否定的に見ている状況でも、理性的に冷静に向き合い、そして何よりチャンスであると考えた。恐れたり嘆いたりはしなかったのだ。

ロックフェラーの例は、単なるたとえ話ではない。

ロックフェラーの生きた一九世紀後半のアメリカは俗に「金ぴか時代」と呼ばれるが、現代もよく似た状況にある。わずか一〇年の間にバブルが二度もあった。あらゆる産業がガラガラと崩れつつあり、人々の暮らしは混乱状態に陥っている。金融危機、社会不安、苦境など、不公平と思えることがまかり通っている。人々は不安になり、希望を失い、怒り、戸惑い、ニューヨークのズコッティ公園でウォール街への抗議デモを行ったり、ネット上のコミュニティに集ったりしている。そうじゃないだろうか？

ところが、必ずしもその見方は正しくない。

物事は見かけだけでは判断できないのだ。本当に大事なものはその中に、その下に隠れている。それまでとは違う目で物事を見られるようになれば、皆が信じていることや恐れていることが、ただの妄想であることを見抜けるようになる。「問題」とされているものが問題でも何でもないことが見えてくる。そして、本当の問題に集中できる。

私たちは感情的に反応して、落胆したり、絶望したりすることが多すぎる。そんなことをしても事態が悪化するだけであり、しまいには本当に手がつけられなくなってしまう。悪いものの見方をすると、理性や行動や意志の源泉である「心」が侵されてしまう。羅針盤を失ってしまうようなものだ。

私たちの脳は、現代とはまったく異なる環境に合わせて進化を遂げてきた。そのため私たちは、余分な生理機能をいろいろ背負い込んでいる。現代には存在しない脅威や危険に対しても、いまだに反応してしまうのだ。お金に困ったときに冷や汗が出たり、上司にどなられたときに「闘争・逃走反応」が起きてしまうのがその例だ。そうなったからといって、身の安全が本当に脅かされているわけではない。飢え死にしたり、殴り合いになったりする危険はほとんどないのだ（ときにそんなふうに感じる瞬間があるのは確かだが）。

目の前の状況にどのように反応するかは、自分で決めていい。動物的な感情に身をゆだねてしまうか、それが本能の罠であることを理解してやり過ごすか。ものの見方を鍛えれば、徐々にその効果が見えてきて、どんな状況でも適切に行動できるようになる。もう不安やパニックとはおさらばできるのだ。

ロックフェラーはこのことを十分に理解していたから、身の破滅を招く、歪んだものの見方を断ち切った。鍛錬によって、そうした兆候を敏感に察知し、ものの見方をコントロールできるようになった。まるで超人だった。これほどまでに己を律することは普通の人にはできない。たいていの人は衝動や本能の奴隷となり、それを疑うことすらない。

苦境に陥っても理性的に対処することはできるのだ。それどころかロックフェラーのように、どんな苦境のなかにもチャンスを見いだし、何かを学んだりスキルを身につけたりする機会に、つまり幸運に変えることさえできるのだ。経済の崩壊であれ個人の災難であれ、どんな出来事も正しい目で見れば前進するチャンスである。ただし、予想もしていなかったような形で現れるかもしれないが……。

乗り越えがたく思える障害にぶつかったとき、役に立つコツがいくつかある。ぜひ試してほしい。

- 客観的になる
- 感情を抑えて平静を保つ
- 良い面に目を向けるようにする
- 焦らない・慌てない
- 他人のことは気にしない

- 大局的に判断する
- 今この瞬間に立ち戻る
- 自分の力でコントロールできるものに集中する

そうすれば、困難のなかにもチャンスを見いだせる。とはいえ、チャンスがひとりでに見つかるわけではない。自己を律し、なすべきことを積み重ねていくプロセスの末に見えてくるものなのだ。

そしてこの方法は、君にも利用できる。実践すればいいだけだ。

RECOGNIZE YOUR POWER

自分の力を認識する

「自分は害を被ることはない」と心に決めよ。そうすれば害を受けたと感じることはない。害を受けたという思いを捨てよ。そうすれば害そのものも消えてしまう。

マルクス・アウレリウス

「ハリケーン」の異名をもち世界ミドル級タイトルマッチも戦った黒人ボクサー、ルービン・カーターはそのキャリアの絶頂期にあたる一九六〇年代半ば、身に覚えのない凶悪犯罪の濡れ衣を着せられた。白人三人を殺した容疑だった。裁判の結果、偏見に満ちたでたらめな判決が下された――終身刑、それも三生涯にわたる拘束……。

成功と名声の極みからの目がくらむような転落だった。刑務所に姿を見せたカーターは、高価なスーツを着て、五〇〇〇ドルのダイヤモンドの指輪と金の腕時計をつけていた。そして一般受刑者の列に並びながら、誰か責任者を呼んでほしいと言った。

やってきた刑務所長に対して、カーターはこう宣言した。自分はまだ、最後の砦である「己」というものを捨てていないと。驚く所長と看守たちに、カーターは詳しく説明した。「オレをこんなところに入れやがった不正に、あんたたちが関係ないことは知ってる。だからオレは、出られるようになるまではここにいるつもりだ。けど、何があっても囚人扱いされるのはごめんだ。オレは無力な存在ではないからだ。今でも、そしてこれからも」。

世界が崩れ落ちるほどの恐るべき状況に、普通の人なら打ちのめされるが、カーターは違った。生まれつきの自由を、自分自身の態度、信念、選択を放棄することを頑なに拒んだ。刑務所に入れられようが、ときに何週間も独房に入れられようが、自分には選択できる余地がまだ残っているという考えを捨てなかった。身体の自由を奪われようとも、選ぶ自由だけは奪うことを許さなかったのだ。

カーターは怒っていなかったのだろうか？　もちろん怒り狂っていた。でも怒っても何にもならないと分かっていたから、必死に怒りをこらえた。取り乱したり、卑屈になったり、やけになったりもしなかった。囚人服は着ず、刑務所の食事は食べず、面会客にも応対せず、仮釈放のための審理にも出席せず、減刑を求めて食堂などで働くこともなかった。おまけに誰にも体を触れさせなかった。カーターの拳を恐れて、誰も触ろうとはしなかった。

それもこれも、一つの目的のためだった。カーターはもてるエネルギーをすべて法廷闘争に向けていた。起きている時間は常に読書をし、法律書や哲学書、歴史書を読みあさった。こんな事態になっても、カーターの人生は台無しになっていなかった。単に自分にふさわしくない場所に追いやられ、そこにいなければならないというだけのことだった。カーターは持ち時間を最大限に活用し、たくさん本を読み、いろいろなことを学んだ。やがて出所したとき、カーターは自由で無実な人間であるばかりか、以前よりも優れた立派な人間となっていた。

結局、一九年の歳月と二度の裁判を要した末に、先の判決をくつがえすことができたが、カーターは刑務所を出ると、何事もなかったかのように元の生活を始めた。補償金を求める訴訟も起こさず、裁判所に謝罪を求めることもしなかった。カーターの目から見て、そんなことをすれば、自分が何かを奪われたということを認めることになるからだ。独房の真っ暗な闇の中でさえも、そういうふうには考えなかった。カーターはあくまで自分で選択をしたのだ――「こんなことに負けはしない。望んだことではないが、起こってしまった以上、それをどう受け止めるかは自分で決める。誰にもそれを決める権利はないのだ」。

どんな状況でも、それを判断するのは自分だ。くじけてしまうか、頑張りとおすか、屈してしまうか、あくまで抵抗するかを決めるのは自分自身なのだ。私たちに何かをあきらめさせたり、事実でないこと（ある状況が絶望的だとか改善の見込みはないとか）を信じさせたりすることは誰にもできない。私たちの「ものの見方」は、自分で完全にコントロールできるものである。

牢屋に入れられたり、不当なレッテルを張られたり、財産を奪われたりすることはあっても、自分の考えや信念、信条を、さらにはその状況の受け止め方を、他人に決められることは絶対にない。言い換えれば、私たちがまったく無力な存在と化すことはないのだ。

刑務所に入れられ、ほとんど何もかもを奪われたとしても、いくらかの自由は残る。心や頭は自分のものだし(運が良ければ本も読める)、時間もたっぷりある。カーターにはほとんど力がなかったが、だからといって無力ではないということを彼はちゃんと理解していた。ネルソン・マンデラからマルコムXまで、偉人たちの多くはこの重大な違いに気づいていた。だからこそ刑務所をワークショップや学校に変えて、違う人間に生まれ変わったり、さらにはほかの人々の人生をも変えることができたのである。

不当な判決や投獄を受けてもそれで終わりではなく、むしろそれを機に生まれ変わることができるのだとすれば、私たちが経験するどんな出来事にも必ず何かメリットがあるといえないだろうか。実際、落ち着いて過去の出来事を振り返れば、どんな状況もそれ自体では良いとも悪いともいえない。私たち人間はつい、状況に色をつけ判断を下してしまうものなのだ。

ある人の目には悪い状況が、別の人の目には良い状況に映るかもしれない。

「良いも悪いも本人の考え方次第」と、シェイクスピアも言っている。

『大草原の小さな家』を書いたローラ・インガルス・ワイルダーは作品そのままの西部開拓時代のアメリカを生きながら、きわめて過酷でつらい条件に直面した。荒涼とした不毛な土地、インディアンの住む領域、カンザスの大草原、フロリダのじめじめした未開の森。でもワイルダーはひるんだり、めげたりしなかった。どれもこれも心躍る冒険に思えたからだ。何事も新しいことを始めるチャンスだととらえ、自分たち夫婦にどんな運命が降りかかろうとも、開拓者精神で陽気に乗り切った。

ワイルダーは世界を歪んだバラ色のめがねで見ていたわけではない。単に一つひとつの状況を「もしこうだったら？」という目で見ていた――つまり明るい面を探したというだけだ。それとともに熱心に働き、楽観性も少しばかり持ち合わせていた。普通の人はその逆だ。大したことのない問題であっても、もう終わりだとすぐに決めつけてしまうのである。

このようにして障害が、本当の障害になってしまう。

ある出来事をどんな目線で見るかによって、障害を壊すこともできれば、自らつくり出してしまうこともあるということだ。

良いか悪いかはひとえに私たちの見方にかかっている。出来事自体には色がなく、私たちが勝手に意味づけをして物語をつくり上げるのだ。

こういうふうに考えたら万事が一変すると思うが、いかがだろうか？

たとえば、君の会社の部下が不注意なミスをしでかして、損失を出したとする。それは君が何としてでも避けたかった事態かもしれない。でも見方を換えれば、これこそまさに君が求めていたものであるともいえる。部下に心から反省させ、経験でしか得られない教訓を伝えるチャンスととらえる。ミスでさえもトレーニングとなるのだ。

起きた出来事は変わらない。誰かがへまをしでかした、ただそれだけだ。しかし、評価と結果は別物である。一方のアプローチをとれば状況は有利になり、他方のアプローチをとれば、怒りや不安に駆られることになる。

「最悪だ」「がっかりした」「こんなことになるとは」など、ネガティブな心の声が聞こえてきても無視しよう。ある状況について皆が「絶望的だ」「まともじゃない」「もうおしまいだ」などと言っているからといって、必ずしもそれが正しいわけではない。どんな物語にするかは自分で決めればいい。そもそも物語をつくらないという手だってあるのだ。

「ものの見方」の力を大いに利用しよう。これはどんな状況にも適用できる。状況そのものが障害になることはあり得ないのだ。投げ出してしまったときに、初めて障害となるのである。

どちらを選ぶかは、自分自身で決めることだ。

STEADY YOUR NERVES

腹を据える

そういう男に必要なのは、勇気ではなく、落ち着きと冷静さである。それには鍛錬を積むしかない。

セオドア・ルーズベルト

南北戦争で北軍の最高司令官を務めたユリシーズ・S・グラントには、いろいろな逸話が残っている。グラントはその日、従軍写真家のマシュー・ブレイディ（南北戦争の写真で有名）に肖像写真を撮ってもらうために、イスに腰を下ろして待っていた。スタジオが少し暗かったので、ブレイディが助手を屋根に上らせて天窓を開けさせた。そのとき助手がうっかり足を滑らせて天窓に落下し、ガラスが砕け散った。皆が悲鳴を上げた。五センチはあるガラスの破片が次々と短剣のように降りそそぎ、グラントの周りの床に激突した。一つでも当たれば命取りだ。

おそるおそるブレイディが視線をグラントに向けると、グラントは微動だにしていなかった。無傷だった。最高司令官は天井に空いた穴をじろっと見上げ、それから何事もなかったかのように視線をカメラへ戻した。

次は、グラントが指揮をとった「オーバーランド方面作戦」での話。グラントが高台から双眼鏡で戦場を見渡していると、敵の砲弾が飛んできて爆発し、すぐそばにいた馬がやられた。それでもグラントの目は前線に固く注がれたままで、決して双眼鏡から目を離さなかったという。ほかにも逸話がある。北軍の本部が置かれていたリッチモンド近郊シティポイントでの出来事だ。兵士たちが汽船から積み荷を降ろしていると、突然、爆発が起きた。誰もが地面に伏せるなか、グラントだけは爆発現場に向かって突進していったという。砲弾の雨が降りそそぎ、物や肉体の破片が飛び散るなかを……。

グラントこそはいつも自分を見失わない男だった。己がなすべき仕事を知り、そのためならどんなことも耐え抜く男だった。それが度胸というものだ。

話を現代に戻そう。

私たちの生活は気に障ることがあまりに多い。

ビジネスでは競争相手が多すぎる。予想外の問題が急に持ち上がる。優秀な社員がいきなり辞める。コンピュータ・システムが入力中にクラッシュする。心安まる暇もない。上司は仕事を全部押しつけてくる。もうこれ以上は無理だというときにかぎって、次々とトラブルに見舞われるのだ。

さてどうしよう。気合いで乗り切る？　気にしないふりをする？　軽くまばたきして気を落ち着け、もっと頑張ろうと決意する？　それとも、ギブアップしてしまう？　何か薬を使って、こうした「よくない」感情を消そうとする？

だがこれらは少なくとも、悪意によるものではない。よく覚えておこう。世のなかには常に、君を陥れようと狙っている人がいるのだ。そういう輩《やから》は君を脅かし、揺さぶり、圧力をかけて、性急な決断を迫ってくる。君の思考や行動を巧みに操り、自分に都合が良いように運ぼうとしているのだ。

そこで問題は、「そんなにやられっぱなしでいいのか？」ということだ。

目標を高く掲げれば、重圧やストレスも当然ついてくる。不意に訪れる問題に脅かされ、ギョッとさせられる。不測の事態（それも不快なものばかり）はお約束といってもいい。行き詰まってしまう危険が常にあるのだ。

こうした状況では、才能よりも大事なものがある。それは、優雅さと落ち着きだ。この二つがなければ、ほかのどんなスキルも生かせないからだ。フランスの作家ボルテールはかつて、スペイン継承戦争で軍功を挙げたイギリスの名将、マールバラ公についてこう評した。「騒乱のなかでも揺るがぬ勇気をもち、危難のなかでも魂の平静を保った。英語で言う『冷静な頭《cool head》』の持ち主だった」。私たちもこんな態度を身につける必要がある。

私たちはストレスにさらされると、本当はそれほど危険ではないのに、恐怖のあまり卑しい動物的本能に屈してしまう。

「優雅な落ち着きとか、魂の平静とか、そんなものは軟弱な貴族の気質だ」などと思わないことだ。突き詰めれば、度胸とは物事に屈せず、自分を保ち抑制することなのだ。

たとえば、「私はそれを認めない。怖じ気づくのはごめんだ。それを失敗と呼ぶつもりはない」などと果敢に抵抗する。

一方で、現実を受け入れることも大事だ。「今回は私の負けということにしよう。こんなことでうろたえたり、延々と考えたりする暇はない。とても忙しいし、たくさんの人が私を頼りにしているから」というように……。

このように、現実に抵抗することと受け入れることとは両立する。それは次の原則による。

「潮の流れは必ず変わり、逃げ道や抜け道は必ず存在する。だから、腹を立てたり落ち込んだりしても意味がない」。

それが簡単にできるなんて言うつもりはないし、もちろん危険も大きいが、その覚悟を決めた人には道が開いているのだ。

だから、私たちは乗り出すべきだ。道は険しく、恐ろしい目にも遭うだろう。

でも、私たちにはその覚悟がある。自分を奮い立たせ、真剣に前へ向かおうとしている。おびえて引き返したりはしない。

それは、現実の状況と向き合う覚悟ができたということでもある。腹を決めて、全力で立ち向かおう。鋼の心を持つのだ。問題が降りかかってきてもはねのけ、頑張り続けよう。何もなかったかのように平然と前だけを見つめて……。

もうお気づきのように、これは真実である。自分さえ見失わなければ、本当に困ることなど何もない。心の持ち方次第で、どんな出来事も、取るに足らないことに変えてしまえるのだ。

CONTROL YOUR EMOTIONS

感情を抑える

偉大な帝国が欲しいなら、まず己を支配せよ。

プブリウス・シルス（古代ローマの喜劇作家）

アメリカは最初の人類を宇宙へ送り込もうとしていたころ、宇宙飛行士たちに、ある一つのスキルを徹底的にたたき込んでいた。それは、パニックに陥らないようにするスキルだった。

パニックに陥ると誰でもミスを犯す。システムに従わず、手順やルールを無視し、プランから逸脱する。感覚が鈍り、思考停止に陥る。その結果、反応すべきことに反応しなくなり、まるで動物のように、血管を流れる生存ホルモンの命じるままに動くようになる。

ありがたいことに、私たちの抱える問題はほとんど、この地球上でのものだ。私たちは何でも細かく計画を立てるくせに、ひとたびトラブルが生じると、計画を放り出してパニックになってしまう。なかにはやたらと騒ぎ立てる人もいる始末。目の前の状況から目をそらさずに対応を講じるよりも、そのほうがずっと楽だからだ。

しかし、地上から二〇〇キロ以上も離れた宇宙船の中で、それもフォルクスワーゲンより小さな船体の中でそんなことをすれば、確実に死ぬ。パニックに陥るのは自殺行為なのである。

だから、訓練によってパニックを克服する必要がある。だが簡単にはいかない。

NASAでは最初の打ち上げに備えて宇宙飛行士たちに、繰り返し予行演習をさせた。何度も何度も順を追って、朝食のメニューからロケットの打ち上げ場所への移動まで全行程を、それこそ数百回も繰り返した。こうして少しずつ慣らしていくことによって、宇宙飛行士たちは実際に打ち上げられるときの光景や音を、事前に体験することができた。何度もこなすうちに、何もかも息をするように自然にできるようになった。徹底的に練習し、本番までにやれることは全部やった。想定される問題は残らず解決し、あいまいな点は一つも残さなかった。

不安や恐れというのは、自信をもつことで解消できる。自信とは、訓練を通じて身につけられる。いわば、空気の逃がし弁のようなものだ。恐れというのは、たいていは対象をよく知らないことから生じる、ごく普通の、本能的ともいえる感情であり、その対象に十分に慣れれば鎮まるものである。

このように未知の対象への恐怖は消すことができ（やはり簡単ではないが）、それによってストレスや不安への耐性を高めることができる。

アメリカ人として初めて地球周回軌道を飛行したジョン・グレンは、宇宙空間でほぼ丸一日を過ごしながら、心拍数が一〇〇を超えることはなかった。グレンはただ座って計器類をコントロールしただけでなく、自分の感情もコントロールしたのだ。この日に備えてしかるべき鍛錬を積んだ成果である。こうした心境について、のちにドキュメンタリーを書いた作家トム・ウルフは「ライト・スタッフ（人間の理想的な資質）」と呼んだ。

ところで、君はどうだろう？　重要な顧客に応対するとき、道で見知らぬ人にからまれたとき、心臓が胸から飛び出しそうにならないだろうか。大勢の前で話をするように頼まれたら、嘔吐しそうにならないだろうか。

もう分かったと思う。自分のことばかり考えていられるのはぜいたくな悩みだということが。宇宙では感情を抑えられるかどうかで生死が決まるのだから。

ボタンを押し間違えたり、計器盤を読み違えたり、順番が一つ狂ったり、そんな失敗をする余裕は、アポロ計画にはなかった。しくじりは命取りだった。

そのため、当時の宇宙飛行士にとって、操縦の腕前は二の次であり、むしろ、どれだけ冷静さを保てるかが勝負だった。パニックに陥りそうになるのをこらえて、目の前のことに、自分の力で変えられることに集中できるか？

人生もまったく同じだ。障害にぶつかれば、感情的になっても仕方ないが、それを乗り越え、生き延びていくには、感情を抑制するしかない。何が起こっても、外部の状況がどれほど変動しても、動じない強さをもてるだろうか。

ギリシャ語ではこの境地を「アパテイア」という。

これは不合理な感情、極端な感情を抱かず、心が平静不動なさまをいう。アパテイアでは有害で無益な感情だけでなく、感情そのものを排する。否定的なことを一切心に入りこませず、そうした感情が起こることさえ許さない。ただこう言って退けるのだ。「けっこうです。パニックに陥る余裕などありませんから」。

これはぜひ養いたいスキルだ。心の動揺や不安から解放されるために。問題に対して受け身になるのではなく、その解決に全神経を集中させるために。

上司から来る「至急返信」のEメール。飲み屋でからんでくる酔っ払い。銀行からの突然の電話――「お客様への融資は取り消されました」。とんとんとドアを叩く音――「大変なことになりました」。

防犯コンサルタントのギャヴィン・ディー＝ベッカーは『暴力から逃れるための十五章』でこう述べている。「心配事を抱えているとき、こう自問してみよう。『今、あえて見ないようにしていることは何だろう？』。心配事に心を奪われるあまり、内省を怠り、警戒が甘くなり、知恵が働かなくなっているようだ。何か大事なことを見落としていないだろうか？」。

こうも言える。「焦ったり取り乱したりすることで選択肢が増えるだろうか？」。

なくはないだろう。でも、君のケースは？

——たぶん、違うと思う。

ではどうしたらいいか？

ある感情を抱いても現状を変えられないなら、その感情は役に立たないということだ。それどころか、身を滅ぼすものだと言ってもいいだろう。

——でもそう感じてしまうんだ。

それはそうだ。感情を消せとは言っていない。泣くなとも言っていない。「男らしさ」なんてものは忘れよう。ひと休みしたければ、いつでもしたらいい。本当の強さというものは、心をコントロールすることにある。哲学者で作家のナシーム・ニコラス・タレブの言葉を借りれば、感情が存在しないふりをするのではなく、自分の感情を飼い慣らすということだ。

だから、好きなように感じてくれて構わない。ただある問題に対して感情をぶちまけることで、その問題に対処した気になってはいけない。両者には大きな違いがある。眠っているのと起きているのと同じくらいの違いが。

いつも自分に言い聞かせてほしい。

——私は自分をコントロールしている。感情に流されていない。今何が起こっているのかちゃんと分かっている。興奮もしないし動揺もしない。

感情にはロジックで対抗できる。まあ大体うまくいく。ロジックとは問いと答えからなり、十分な問答を重ねれば問題の根っこが見えてくる（必ず、対処するのが楽になる）。


「損をした」

――でも、それで仕事がおしまいってわけじゃないんだろう？

「まあそうだ」

――その損失は破滅的に巨大なもの？

「それほどでもない」

――じゃあ、まったく予想外ってわけではないってことだ。では、何がそんなにひどいんだ？

ときには起こるはずのことで、何をそんなにいらついているのか？

「ええと…その…つまり…」


これまでにもっと悪い状況にも直面したことがあるはずだ。そのとき、自分のエネルギーを怒りに向けるのではなく問題解決に生かしていたら、もっとうまく対処できたのではないだろうか？

ぜひ自分自身とこんな対話をしてみてほしい。そして、こうした極端な感情がどれだけ続くものか、確かめてほしい。長くは続かないはずだ、賭けてもいい。

結局のところ、どんな苦境にあっても死ぬことはまずないのだ。

ちょっとしたおまじないがある。不安になりだしたら何度も唱えてみよう。「こんなことで死ぬことはない。死ぬわけじゃない……」と。

あるいは、アウレリウスの次の問いに答えてみよう。


君が正しく振るまい、広い心をもち、自制心をもち、健全な精神をもち、分別をもち、謙虚であり、正直であることを妨げるものが何かあるだろうか？


——あるわけがない。

それなら、仕事に戻ろう！

私たちはふだん無意識に、こんなふうに自分自身に問いかけているはずだ。「これってパニックになるほどのことだろうか？」。

その答えは？　宇宙飛行士や軍人、医師といった専門職の人たちと同様、私たちも首を横に振らなければいけない。「いいや違う。こうした事態への備えはふだんからしており、自分をコントロールできるから」とか、「いいや違う。私は取り乱していないし、そんなことをしても建設的でないことが分かるから」というふうに。

PRACTICE OBJECTIVITY

客観的な目を鍛える

一目見た印象で圧倒されてはいけない。そんなときは自分にこう言い聞かせればいい。「少し待って、相手が誰か、どんな人間かを見極めろ。相手の力を見抜くのだ」

エピクテトス（古代ギリシャの哲学者）

「こんなことがあった、ひどい」という文句は、一つの文章のように見えて、実は二つの印象を述べている。前半の「こんなことがあった」は客観的、後半の「ひどい」は主観的である。

剣豪、宮本武蔵はその生涯で数え切れないほどの勝負をし、ひるんだ敵に勝利を収めた。ときには複数の敵を相手にし、刀なしで戦ったこともある。武蔵は『五輪書』で、「観察する」ことと「見る」ことの違いを語っている——見《けん》の目は弱く、観《かん》の目は強い、と。

武蔵によれば、観の目とは、そこにあるものをあるがままに見ることである。一方、見の目では、そこにあるもの以上のものを見てしまう。

観の目では、気を散らしたり誇張したり誤解したりすることなく、状況を見ることができる。見の目では、「乗り越えがたい障害」であるとか「大きな後退」であるとか、何らかの「問題」として見てしまう。自分の見方を勝負に持ち込んでしまうのだ。観の目は役に立つが、見の目は障害となる。

ニーチェの言葉を敷衍《ふえん》すれば、ときに物事を表面的に見ること――一目見ただけで判断すること――というのは、実に奥の深い態度である。

私たちの生活を振り返ってみると、いろいろな問題の根源には、自分の力の及ばない物事にいちいち判断を下してしまう悪習があるように思う。まるで、こうであるはずだという正解があるかのように。実際にそこにあるものではなく、そこにあると思うもの、あるはずだと思うものを見て判断を下してしまうのだ。

一方、平常心を保ち、感情を抑えれば、物事の真の姿が見えてくる。観の目で見れば、それができるのだ。

知覚とは厄介なものだ。目の前の事態に集中したほうがずっといいような瞬間にも、関係のない不要な「情報」が入ってきてしまうからだ。真剣での決闘、重要な商談、絶好の機会にめぐり合ったとき、不意のひらめきがあったとき――そうした瞬間はいくらでもある。

私たちの脳は動物的で、どんな物でも、それを見てから知覚するまでに間《ま》を置かない。「考える→知覚する→行動する」というプロセスをミリ秒で済ませてしまう。シカの脳は危険を察知すると瞬時に「走れ」と命じる。だからシカは走る。それで道路に突っ込んで事故に遭ってしまうこともある。

人間はこの衝動にあらがい、拒むことができる。スイッチが押されても無視し、本当に脅威なのかを確かめてから行動に移すことができる。

ただ、それには力が要る。その筋肉を鍛えなければならない。筋肉とは緊張させたり、物を持ち上げたり支えたりすることで鍛えられるものだ。

だから武蔵のような武道家は、身体のトレーニングと同じく精神のトレーニングを重視する。どちらも同じく重要で、激しい訓練を必要とする点でも同じだ。

ストア派哲学者の書いたものを読んでいると、「侮蔑《ぶべつ》表現法」とでも呼べそうな訓練方法に出くわす。あえてけなすような表現をして対象を丸裸にし、「権威という上っ張りをはぎ取る」のである。

古代ギリシャのストア派哲学者エピクテトスは弟子たちにこう言っていた。誰か偉い思想家の言葉を引用するときには、その思想家がセックスをしている姿を想像せよ、と。ばかばかしく聞こえるかもしれないが、今度、恐ろしい相手を前に自信をなくしたときには、ぜひ試してほしい。その相手がプライベートな場で、うなり、うめき、無様な姿をさらしていることを思い描く。相手も自分たちと同じ一人の人間であることが分かるはずだ。

マルクス・アウレリウスの場合はこんな訓練法だった。華美な物や高価な物を、婉曲表現抜きで描写するのである。ステーキは動物の死体、ヴィンテージ・ワインは発酵した古いブドウ、というふうに。そうやって一切の装飾を取り払い、あるがままに見ようとした。

私たちの前に立ちふさがるどんな人にも物にも、この方法は使える。たとえば、昇進というものはすごく大事に思えるが、本当にそうだろうか？　また、誰かに批判されたり否定されたりすると自分をちっぽけに感じるが、そんなときも言われたことをきちんと検証してみよう。頭の中であれこれ思っているよりも、物事の真実に目を向けるほうがずっといい。

客観的になるとはつまり「自分」を、すなわち主体を消し去ることだ。ここで少し、他人にアドバイスするときのことを考えてみよう。自分の目からは相手の問題が一目瞭然で、どうすればよいかも分かる。自分の問題と向き合うときには避けられないあのお荷物（主体）が、他人の問題を見るときには消えているからだ。つまり他人に対しては客観的になれるということである。

友人の置かれた状況なら、額面どおりに受け止め、ただちに手を差し伸べて解決することができる。そのくせ自分の人生となると、まるで同情を寄せず、ひどい目に遭っているという意識も持たず、文句の一つも言わないのだ。

自分の置かれた状況をしっかり見据えたうえで、自分には関係がないというふりをしよう。「そんなことは重要ではない、どうでもいい」というふりをしよう。そのほうが、どれほどなすべきことがよく見えてくることだろう。

この先どんなシナリオが予想され、どんな選択肢があるのかを、感情を交えずに見極めやすくなるはずだ。そのシナリオが気に入らなければなかったことにすればいいし、それでよければ淡々と受け入れればいい。

ある問題を解決するためにどんな方法があるか、あらゆる角度から考えてみよう。本気で考えるのだ、しっかり頭を働かせて。自分をあわれむ必要はない。その時間はあとでたっぷりあるのだから。これは訓練なので、何度も何度も行う必要がある。回数を重ねるごとに上手になる。そうやって物事をありのままに見られるようになれば、ものの見方に邪魔をされなくなる。むしろ、ものの見方一つで物事を好転させられるようになるのである。

ALTER YOUR PERSPECTIVE

ものの見方を変える

人間はただ存在するわけではない。自分がどのような存在になるのか、次の瞬間に何者になるのかを絶えず決断している。つまり、どんな人間もいつでも自由に変容を遂げることができるということだ。

ヴィクトール・フランクル（オーストリアの精神科医、心理学者）

古代ギリシャ、アテネの将軍ペリクレスが、ペロポネソス戦争（スパルタとの戦い）で海上作戦に乗り出したときのこと。突然日食が始まり、一五〇隻からなる艦隊が闇に包まれた。

兵士たちは予想外の事態に面食らい、パニックに陥った。でもペリクレスは動じなかった。主任操舵手のところへ歩いていくと、着ているマントを脱ぎ、それで操舵手の顔を覆った。そして、「何も見えなくて怖いか」と尋ねた。

「いいえ、そんなわけはありません」。

「では大丈夫だな」、とペリクレスは言った。「暗闇の原因が違うだけにすぎない」。

ギリシャ人はうまいことを言う。おまけにこの警句には、ストア派哲学だけでなく認知心理学にも通底する考え方がこめられている。「ものの見方がすべて」ということだ。

つまり問題を分解したり視点を変えたりすることで、その影響から脱することができるということである。

人は恐怖にとらわれると、弱くなり、気が散り、疲弊し、多くの人は理性を失ってしまう。ペリクレスはそのことを十分理解していたので、ものの見方を工夫することで恐怖を追い払ったのだ。

人は単純な説明より不吉な説明を選びがちだということをギリシャ人は知っていた。障害に出合っておびえてしまうのは、大体がものの見方に原因がある。見方を変えてみるだけで、障害への反応がすっかり変わることもあるのだ。ペリクレスの例から分かるように、大事なことは恐怖から目をそらさず、論理的思考を駆使して恐怖を追い払うことだ。恐怖に襲われたら、その対象をよく見て、ばらばらに分解してしまうのだ。

「物事をどう見るかは自分で選べる」と覚えておこう。ある状況をどう見るかは、あくまで自分で決められるのだ。もちろん、障害そのものを変えることはできない。方程式の一方の辺はもう決まっているからだ。でも、もう一方の辺――障害の見え方――については、ものの見方を工夫することで変えることができる。つまりこういうことだ。何か障害に出くわしたとき、それとどう向き合い、どんなふうに見て、どんな文脈でとらえるか、またどんな意味づけをするかによって、乗り越えるべき壁の恐ろしさ、険しさが決まるのである。

その際、主語に「私」を立てるかどうかは君の自由だ（「私は人前で話すのが嫌いだ」「私はへまをやらかした」「私はそれに傷ついた」といった具合に）。ただしそうすると余計な要素が増える。障害そのものに、「私」という要素が加わってしまうのだ。間違った見方をすると、本当は取るに足らないことにも神経をすり減らし、疲弊してしまう。それならなぜ、わざわざ自分というものを持ち出す必要があるのだろう？

不思議なことに、正しい見方を身につければ、さまざまな障害や逆境の全体像が、正しい姿で見えてくる。

でもどういうわけか、私たちはいろいろな物事を個別にとらえてしまう。契約をふいにしてしまったとか、会議に出られなかったとか言っては自分を責める。一つひとつを見れば失敗だ。チャンスを一〇〇パーセント逃したというだけだ。

ところが大事な点を一つ見落としている。ヴァージン・グループの創設者で数々の事業を成功に導いたリチャード・ブランソンの言葉を借りよう。

「ビジネスチャンスとはバスのようなものだ。何度でも次がやってくる」

一度の会議とはしょせん、人生で無数にある会議の一つにすぎない。一度の取引はあくまで一度の取引だ。少なくとも、これでおしまいではない。次のバスを待てばいい。もっと良いチャンスが来るかもしれない。

世界の見方を変えると、物事の見え方も変わる。君は今、物事の姿を正しく見ているだろうか？ 歪んだ目で見て、わざわざ問題を招いていないだろうか？ 大事なのはそこだ。

そこでこんな手がある。物事を見るとき、視野を押し広げたり、逆に狭めたりしてみる。そうすれば気持ちが落ち着いて、目の前の課題にしっかり対処できる。大事なものをより分ける作業だと考えればいい。別に他人をだますわけではなく、自分自身を適切に方向づけるのである。

その効果はてきめんだ。ほんの少しの修正で、不可能だと思っていたことに変化が起きる。自分の弱みだと思っていた点が実は強みであることに突然気がつく。正しい見方を身につけると、自分でも知らなかった力が見えてくるのだ。

正しい見方とは、次の二つ――文脈と意味づけ――からなる。

（一）文脈――目の前のことだけにとらわれず、広い視野で世界をとらえること。
（二）意味づけ――一人ひとり違ったやり方で世界を見ること。つまり、その出来事をどのように解釈するかということ。

両者をうまく使えば、以前は怖じ気づいていた状況、あるいは不可能に感じていた状況にも変化を起こせる。ハリウッドスターのジョージ・クルーニーも、最初の五年間はオーディションに落ち続けた。プロデューサーやディレクターに気に入られようと努力したがうまくいかず、落ち込んだ。そして自分の良さが分からないと、業界を非難するようになった。

こうした見方は君にも覚えがあるはずだ。採用面接を受けたり、客に物を売りこんだり、カフェで見かけた相手にアプローチしたりするとき、たいていの人はこんな気持ちを味わう。作家で起業家でもあるセス・ゴーディンは、こうした状況を「人を選ぶ側の横暴・圧制」と呼んでいるが、私たちは無意識のうちにこれに屈しているのだ。

クルーニーに転機が訪れたのは、それまでの見方を変えてみたときだった。キャスティングはプロデューサーにとっても障害なのだということにクルーニーは気づいたのだ。プロデューサーには誰かを見つける必要があり、毎回、次に部屋に入ってくる人物が探し求めていた人材であることを期待している。オーディションとは、クルーニーの問題ではなくプロデューサーの問題を解決する場だったのだ。

クルーニーは自分がその答えになろうと考えた。役欲しさにこびるような真似はもうやめよう、プロデューサーの求めるものを提供できる存在になろう、と決意した。つまり自分ではなく、相手の願いをかなえようとしたのだ。それ以来、オーディションでは持ち前の演技力に加え、自分がその役にうってつけであることをアピールした。キャスティングディレクターやプロデューサーがその役に何を求めているのかを理解し、製作準備段階でも撮影中もプロモーションでも、あらゆる場でそれを演じきった。

このように、正しい見方をするか間違った見方をするかで何もかも違ってくる。

人生のさまざまな出来事をどのように解釈するか、つまり「ものの見方」によって、次にどんな反応をするかが規定される。いつも決まった反応をするのか。それとも目の前の出来事を受け止め、柔軟な視点で考えるのか。君はどちらだろう。

頭の動きに体もついてくる。ものの見方が行動を導く。正しい行動をしたければ、まず、正しいものの見方を身につけよう。

IS IT UP TO YOU?

自分の力で変えられるか

人生で最初にすべきこと、それは物事を二つに分類することだ。外的状況は自分ではどうにもできないが、それに関してどう振るまうかはまったく自分次第だ。善悪の基準はどこにあるのか？　それは自分の中、自分の選択の中にある。

エピクテトス

アメリカ大リーグの歴史でも、トミー・ジョンほどこの世界を長く生き抜いたピッチャーはそういない。なにしろ二六シーズンもプレーしたのだ！　ルーキーの年の大統領はケネディで、引退の年には父ブッシュだった。おまけにミッキー・マントル（初出場一九五一～最終出場一九六八）とマーク・マグワイア（同一九八六～二〇〇一）の両打者と対決しているのだ。

人間業とは思えない偉業だ。それをなし得たのは、彼がある一つの質問を、形を変えて何度も何度も自分に問いかけてきたからだ。その質問とは、「チャンスはあるか？　見込みはあるか？　できることはないか？」。

ジョンが探していた答えはいつも「イエス」だった。どれほど望みが薄くても、不確かでも、当てにならなくても同じだった。少しでも望みがあればそれに賭けた。望みをかなえるためならどんな努力も惜しまなかった。努力すれば結果が変わるかもしれないのに、チャンスを見送るくらいならマウンドで死ぬほうがましだと思っていた。

ジョンに最初の試練が訪れたのは一九七四年のシーズン中のことだ。利き腕を痛め、肘の側副靭帯を損傷し、使えなくなってしまったのだ。当時のスポーツ医学の常識では、投手が腕を痛めたらおしまいだった。通称「腕の死」。ゲームセットだ。

でもジョンは受け入れなかった。再びマウンドに立つために何か打つ手はないかと探し回った。一つだけあった。外科手術を受け、投げるほうの手の肘の靭帯と、反対の腕の靭帯を取り替える方法があると、医師に言われた。手術のあと復帰できる見込みは？　「百に一つだ」と医師は言った。手術をしなかったら？　「ゼロだ」。

ここで引退する道もあった。だが、百に一つでもチャンスはある。リハビリとトレーニングを頑張れば、このチャンスを生かせるかもしれない。ジョンはそれに賭けた。そして翌年から一三シーズンにもわたってプレーし、計一六四勝を挙げたのだ。この手術は、今では「トミー・ジョン手術」の名で有名である。

手術から一〇年とたたずに、ジョンは再び厳しい試練と全力で闘うことになった。幼い息子が三階の窓から転落し、舌を飲み込み危篤に陥ったのだ。騒然とする緊急治療室で医師から、息子はおそらく助からないと言い渡されても、ジョンは家族の前できっぱりとこう言った。一年かかろうが一〇年かかろうが、望みが一つでもあるかぎり絶対にあきらめない、と。

やがて息子は全快した。

ジョンの野球選手人生は一九八八年に終わりを迎えるかに見えた。その年、ジョンは四五歳で、シーズン終了後に当時の所属チームのヤンキースから解雇された。やはりジョンは受け入れなかった。コーチを呼ぶと、こう尋ねた。来春のキャンプにテスト生として参加したら、君はどう思う？　もう野球をやる年じゃないよ、という返事が返ってきた。ジョンはもう一度聞いた。「正直に言ってくれ。テスト生として行ったら、チャンスはあるか？」。コーチはこう答えた。「ああ、そうだな、悪くないと思う」。

ジョンは誰よりも早くキャンプに臨んだ。連日にわたって長時間練習し、四半世紀にわたる野球人生で学んだことを惜しみなく皆に分け与え、チームの一員となった。当時の大リーグで最年長の選手となったのだ。ジョンはそのシーズンの開幕戦で登板し、なんと勝利を挙げた。遠征先のミネソタで七回を投げてヒット二本しか許さなかった。

ジョンは少しでも望みがあれば、そしてそれが自分の力で変えられることなら、一〇〇パーセント全力投球した。一度、コーチにこう言ったことがある。あきらめるくらいならマウンドで死ぬほうがましだ、と。プロのスポーツ選手たるもの、難しいことと不可能なこととの違いをよくわきまえねばならない、と考えていた。このささいな違いを見分けることによって、トミー・ジョンという男ができあがったのである。

この知恵は、アルコールなど各種依存症の克服にも生かされている。依存症の人たちはまず「ニーバーの祈り」というものを覚える。

神よ、変えることのできないものについては、どうか穏やかに受け入れられますように
変えることのできるものについては、どうか変える勇気をもてますように
そしてどうか、この二つを見分ける知恵をお与えください

依存症を克服しようとする人たちはこうして努力の焦点を絞る。すると依存症との闘いがずっと楽になる。自分が生まれてきたという事実や、親がひどい人間だったという事実、自分が何もかもを失ったという事実とは闘う必要がなくなるからだ。それはもう決まったことであり、済んだことでもあ

る。それを変えられる見込みは百に一つもないのだ。

では、変えられることに意識を集中したら？　そこで初めて変化を起こすことができる。

「ニーバーの祈り」には、二〇〇〇年前から伝わるストア派の言葉「ta eph'hemin, ta ouk eph'hemin（自分の力で変えられるものか、そうでないか）」に通じるものがある。

では、君の力で変えられるものとは何だろう？

- 自分の感情
- 自分の判断
- 自分のクリエイティビティ（創造性）
- 自分の態度
- 自分の認識
- 自分の望み
- 自分の決定
- 自分の決意

これこそが、いわば私たちがプレーするフィールドだ。どこをとっても公平なゲームだ。

では、自分の力では変えられないものとは？

それ以外のもの全部だ。天気、経済、境遇、他人の感情や判断、流行等々。

自分の力で変えられるものがフィールドだとすれば、変えられないものはゲームのルールや条件となる。勝てる選手というのは、外的な要因をうまく利用し、それに異議を唱えるようなことはしない（意味がないからだ）。

言い争ったり、文句を言ったり、いっそのことあきらめてしまうこともできる。でもそんなことをしても、ゴールにたどり着く助けにはまったくならない。

ものの見方についても、この区別をつけることはきわめて重要である。つまり自分の力が及ぶものか、そうではないものかを見分けるということだ。この判断ができるかどうかで、大きなことを成し遂げられるか、酒浸りになってしまうかが決まる。薬物やアルコールにかぎらず、どんな依存症にもならないために、よくよく胸に刻み込もう。

私たちが陥りがちな罠は、自分では変えられないことを変えられると思い込むことだ。たとえば、誰かが君の会社に出資しないことに決めたとする。これは君にはどうにもできない。でも、自社のセールスに磨きをかけ、改善しようと決意することは？　それならできる。では、誰かが君のアイデアを盗んだり、自分が最初に思いついたと主張したら？　この場合もやはり君にはどうすることもできない。でも見方を変えて、そのアイデアにさらに磨きをかけたり、自分の権利を主張して闘うことならできる。

自分の力が及ぶものだけに専念すれば、倍の力が出る。反対に、自分ではどうしようもできないことにエネルギーを注いでも、全部無駄になる。それでは単なる自己満足であり、身を滅ぼすことになる。私たちは皆、こんなふうに多大なエネルギーを浪費しているのだ。

立ちはだかる障害を試練だと受け止め、ならば最大限に活用しようと思うこと、それも一つの選択だ。選ぶ選ばないは君次第なのだ。

「チャンスはありますか、コーチ?」

「ta eph'hemin（自分の力で変えられますか）?」

LIVE IN THE PRESENT MOMENT

今この瞬間を生きる

全体像を見えなくしてしまう罠、それは何もかもをクローズアップして見てしまうことだ。

チャック・パラニューク（アメリカの小説家）

ここでちょっと、次の企業リストに目を通してほしい。どれも不況や経済危機のさなかに創業した企業だ。

『フォーチュン』誌——ビジネス誌：一九二九年の市場暴落から九〇日後
フェデックス——空運：一九七三年の石油危機
ユナイテッド・パーセル・サービス（ＵＰＳ）——運輸：一九〇七年の恐慌

ウォルト・ディズニー・カンパニー――娯楽サービス：一一カ月にわたる順調な経営のあと、一二カ月目に一九二九年の市場暴落を迎える。
ヒューレット・パッカード――情報・通信：大恐慌のさなか、一九三五年
チャールズ・シュワブ――金融：一九七四～七五年の市場暴落
スタンダード・オイル――石油・石炭製品：南北戦争の最後の年、一八六五年の二月にロックフェラーが共同経営者から株式を買い取り、スタンダード・オイルが始まった。
クアーズ――ビール醸造：一八七三年の恐慌
コストコ――小売：一九七〇年代後半の景気後退期
レブロン――化粧品製造：大恐慌のさなか、一九三二年
ゼネラル・モーターズ――自動車製造：一九〇七年の恐慌
プロクター・アンド・ギャンブル――化学：一八三七年の恐慌
ユナイテッド航空――空運：一九二九年の市場暴落の年
マイクロソフト――情報・通信：一九七三～七五年の景気後退期
リンクトイン――ビジネス特化型ＳＮＳ：ＩＴバブル崩壊後の二〇〇二年

ここに挙げた企業には、史上まれな不況下にあるという意識はなかっただろう。なぜか？　創業者

は皆、目の前の状況に対処しようと必死だったからだ。現在を生きることに忙しく、この先良くなるか悪くなるかなんて分からない。分かるのは今のことだけだった。やりたい仕事があったし、偉大なアイデアがあったし、売れると思う商品があった。絶対うまくいくという確信があったのだ。

私たちの生活に目を転じると、なかなか目の前のことに集中できない。何かにつけ「意味」を探したり、「公正」かどうか考えたり、「背後に」何があるか憶測したりしてしまう。気がつけば、問題に取り組むエネルギーは残っていない。あるいは考えすぎて、一人で盛り上がったり怖じ気づいたり。その間に仕事に取りかかっていれば、とっくに終わっていたはずなのだ。

世間の人が抱くビジネスの世界のイメージには、作り話や神話がかなり混じっている。不思議なことに、皆、個人の成功談にばかり目を向けて、実像を見落としている。事実に目を向ければ、フォーチュン五〇〇企業の半数は市場の下降期や不況のさなかに創業したのである。そう、半数だ。

ポイントは、ほとんどの者が不利な状況から出発し（そうと気づいていないことも多い）、十分やっていけたということだ。それは不公平ではなく、普遍的なことなのだ。日々の仕事に取り組み、とにかく生き残っていくこと、それこそが成功の秘訣だ。

今この瞬間に集中しよう。頭の中でこしらえた怪物におびえるのではなく……。

企業というものは、世の中のさまざまな制約を前提条件として受け入れたうえで、利益をめざして活動するものである。その点、起業家精神に富んだ人々は動物に似ている。物事がどうあるべきか、どうあってほしいかとかいうことは考えられない性分なのだ。うらやましいかぎりだ。人間以外の種《しゅ》は皆、物事をそのまま受け止める。人間の困ったところは、物事の「意味」を、「なぜ」それが起こったのかをいちいち考えてしまうことだ。「なぜか」がとても重要であるかのように。アメリカの詩人・思想家のエマソンは「一日中説明ばかりしているわけにはいかない」と言った。考えても仕方ないことで時間を無駄にしないようにしよう。

今の時代は最悪か最良か、就職市場は活況か不況か、そんなことはどうでもいい。目の前の障害が恐ろしいとか耐えがたいとか、そんなこともどうでもいい。単に、今は今なのだ。

障害とはしょせん、想像の産物だともいえる。過去と未来にしか存在しないものだからだ。私たちは現在を生きている。その事実を受け入れれば、障害と向き合い、取り除くことがずっと楽になる。

今何か困っていることがあるなら、現在に集中するための好機だととらえればいい。事態の全体像などは脇に置いて、起きたことをそのまま受け止めてみる。すると先のことを一切考えないのだから、当然、君の予想を裏づけるような未来がやってくることもない。そうやって一瞬一瞬を新たな気持ちで生きることで、過去をぬぐい去り、皆が予想していた未来を書き換えよう。

そのための方法はたくさんあるから、君にぴったりのものが見つかるはずだ。たとえばこんなものはどうだろう。思い切り運動する。電子機器のコンセントを抜く。公園を歩く。瞑想する。それから、犬を飼うのもいい。今この瞬間の喜びをいつも思い出させてくれる。

一つ確かなことがある。「よし、今を生きるぞ」なんて口で言うだけではダメだ。本気で取り組まねば。頭がぼんやりとしてきたら気を取り直してしゃんとする。とりとめもないことを考えだしたら要注意だ。考えごとの最中に気を散らさないこと。それから、一つのことを始めたらそれに集中する。ほかのことをしたくなっても我慢すること。

そうやって意識の焦点を絞っていくときは、「演じる」というより「編集する」つもりでいるとやりやすいかもしれない。今この瞬間が君の人生全体なのではなく、人生の中の一瞬にすぎないということを忘れないようにしよう。今目の前のことだけに集中しよう。それが何を「表し」、何を「意味し」、「なぜ」それが起こったのかは考えないでいい。

今この瞬間にも、大事なことはたくさん起きているのだから。

THINK DIFFERENTLY

人と違う考え方をする

天才とは、心に思ったことを実現できる能力のことだ。それ以外の定義はない。

F・スコット・フィッツジェラルド（アメリカの小説家）

スティーブ・ジョブズといえば、誰もが実現困難と思うことでも実行可能だと思い込ませる話術、「現実歪曲フィールド」で有名だ。これは周囲のやる気を引き出す戦術であるとともに、単にジョブズの情熱と野心がなせる業でもあったわけだが、とにかくこのフィールドのせいで、ジョブズには「無理です」「もっと時間が必要です」といった言い訳が一切通用しなかった。

皆が思っている現実は、子供のころに教え込まれたさまざまなルールや妥協によって縛られているということを、ジョブズは人生の早い時期に学んでいた。そのため、何が可能で何が可能でないかについて、普通の人よりもかなりアグレッシブな考え方をしていた。ビジョンや労働倫理さえ変えれば、人生のたいていのことはどうにかなるとジョブズは思っていたのだ。

たとえば、初期のアップルで新型マウスを開発していたときのエピソード。ジョブズの期待は高く、どんな方向にも滑らかに動けるマウスを望んでいた（当時のマウスにそんな機能はなかった）。ところがデザイナーの一人が主任エンジニアに向かって、そんなマウスは商業的に不可能だと言ってきた。ジョブズが求めているものは現実的でなく、うまくいきっこないと。翌日、主任エンジニアが出勤すると、そのデザイナーの姿はなかった。ジョブズに解雇されたのだ。代わりに入ったデザイナーは開口一番、「そのマウスなら作れます！」。

これなどは、ジョブズの現実の見方が功を奏した例だ。発想は柔軟だが意志は固く、自信に満ち満ちている。別に妄想を抱いているわけではなく、すべては目標を達成するためだ。目標を低く設定すれば、凡庸な結果に終わってしまうことがジョブズには分かっていた。逆に高い目標を掲げれば、うまくいけば何かすごいことを成し遂げられる。ジョブズはナポレオンのようだ。ナポレオンもアルプス越えを前に兵士たちにこう叫んだ。「アルプスはないものと思え！」。

普通の人にとって、そんな自信をもつのは簡単ではない。それはよく分かる。だから世間には「現実的になれ、保守的になれ」とお説教を垂れる人がこんなにも多いのだ。なかには「とにかく波風を立てるな」なんて言う人までいる始末。何か大きなことに挑戦しようとするときには、こうした考え方が完全に裏目に出る。私たちはあれこれ心配したり疑ったりして（自分自身への不信も含め）、どれももっともらしく感じられるのだが、本当は何事もやってみなければ分からないのだ。

恐ろしいことに何が可能で何が可能でないかは、ほとんど自分の思い込みで決まってしまう。現実そのものを決めてしまうと言ってもいいほどだ。目標の達成より障害の存在のほうを信じていたら、どちらが現実となるだろうか？

芸術家を例に挙げよう。芸術家というのは独特な着想や表現によって「芸術」の定義を押し広げていくものだ。たとえば、カラバッジョは背景を黒く塗り込んだ絵画を次々と発表し世間を仰天させたが、カラバッジョ以前と以後とでは芸術家の表現の可能性が様変わりした。ほかにも思想家や作家や画家など、それぞれの時代で同じような革命を起こした者はたくさんいる。

だから、他人の言うことを気にしすぎてはいけない（もちろん自分の頭の中で聞こえる声も）。いつの間にか、大きなことは何もしなくなってしまうから。

自分に正直になろう。「君は何がしたいの？」と、自分に問いかけよう。

現実をコントロールすることはできなくても、ものの見方を変えることで現実に働きかけることはできる。

初代マックの出荷を一週間後に控えたある日、エンジニアたちがジョブズに、このままでは納期に間に合わないと言ってきた。慌ただしく組まれた電話会議で、エンジニアたちはあと二週間だけもらえれば準備が整うと説明した。ジョブズは顔色を変えずにこう答えた。二週間でできるなら、一週間でもできるはずだ。大した違いはないじゃないか。もっと言えば、君たちは素晴らしい仕事をしてここまできたのだから、当初の予定どおり一月一六日に出荷できないわけはないだろう。エンジニアたちは奮起して納期に間に合わせた。やはりジョブズに発破をかけられたことで、自分で思っていた以上の力が出たのだ。

私たちはふだん上司から無理な締め切りを言い渡されたら、どうしているだろうか？　不平を言う。腹を立てる。異議を唱える。「どうしろっていうんだ」「どういうことだ」「私を何だと思ってるんだ」。言い訳を探して自分をあわれむ。

もちろんこんなことをしても、きつい締め切りがあるという現実は変わらない。自分の限界を超えることもできない。ジョブズは、自分の力を信じない人を容赦しなかった。ときにその要求が無茶で不愉快で、無謀に思えたとしても。

ジョブズがつくりだした天才的で驚異的な製品の数々（誰も思いつかないような直感的なものばかり）に、彼の現実の見方がよく表れている。ジョブズは誰もが越えられない壁だと思っていたものを次々に突破して、ついにはまったく新しいものをつくり上げたのだ。アップル社にそんな製品がつくれるなんて誰が思っただろうか。そもそもジョブズは一九八五年に同社から追放されているのだ。当時の取締役会では一般消費者向け製品への進出を「ばかげた計画」だとみなした。それがとんでもない間違いだったことは知ってのとおりだ。

ジョブズは自分の考えを話した相手が、「いや、それは……」と言いよどんだり反対する声には耳を貸さないことにしていた。そうした反対は、決まって恐れや不安に根ざしたものだからだ。

初代iPhoneのために特殊なガラスを注文したときのこと。製造業者はジョブズが示した強気の納期にあ然とした。「わが社の生産能力では無理です」と訴えた。「心配するな」と、ジョブズ。「君ならできる。心をそれだけに注ぐんだ。君ならできる」。製造業者はわずか一晩で既存の設備を改造し、巨大なガラス製造工場に一変させた。そして半年以内にiPhoneの初回出荷分に十分な量のガラスを製造した。

これは私たちが教わった行動の仕方とずいぶん違う。「現実的になれ」、と私たちは教わった。「他人の意見を聞け、周りと協調しろ、妥協しろ」と教わった。でももしほかの人が間違っていたら？　従来の知恵が保守的にすぎるとしたら？　そういうとき、ほとんどの人は不平を言い、ぐずぐずしているうちにあきらめてしまう。いつまでも前に進めない。

起業家というのは、何もなかったところに何かを生み出せる自信をもった人だ。起業家にとって「誰もやったことがない」というのは良いことなのだ。不公平な課題を与えられても、ある種の人々はそれを正しい目で見て、自分の可能性を試すチャンスだと受け止める。そして勝つのは難しいのを承知のうえで、全力を傾けるのである。でもどうして、チャンスだと考えるのだろうか？　それはそうした絶望的な、捨て身の状況に追い込まれて初めて、最高のクリエイティビティが発揮されるからだ。

私たちが最高のアイデアを思いつくのはこういうときである。障害が新しい選択肢を照らし出してくれるのだ。

FINDING THE OPPORTUNITY

チャンスを見つける

優れた人間というのはどんな出来事も自分の色で染めてしまう……どんなことも自分の利益に変えてしまうのだ。

セネカ

現代の戦争で最も恐ろしくショッキングな出来事といえば、第二次大戦でドイツ軍が展開した「電撃戦」だ。ドイツ軍はこの大戦で、これまでの戦争のように長引く塹壕戦《ざんごうせん》は避けたいと考えた。そこで、いくつもの機動部隊をまとめあげ、迅速に動ける縦列隊形の特別攻撃部隊を編成し、敵に奇襲をかけることにした。

縦列を組んだ戦車隊が槍の先端のようにまっすぐ突き進み、ポーランド、オランダ、ベルギー、フランスへ次々に侵攻。ほとんど反撃を受けずに圧倒的な勝利を収めた。敵の司令官は、迫り来る疲れ知らずの魔物に恐れをなして、たいていあっさり降伏した。電撃戦とはもともと敵の恐怖心につけこんだものだ。圧倒的な力を演出して、一目見た敵を崩壊させる。作戦の成否はもっぱらこの心理にかかっていた。この作戦がうまくいくのは襲われた部隊が、敵を迫り来る巨大な障害だと思い込むからだ。

連合国軍側は開戦後長いこと電撃戦をこのように見ていた。電撃戦の威力と己の無力さしか目に入らなかったのだ。そしてノルマンディー上陸作戦の成功から数カ月後、連合国軍は再び電撃戦と相まみえることになった。ドイツ軍による大規模な反攻が待ち受けていたのだ。どうやって食い止めればよいのか？　あれほど大きな犠牲を払ったノルマンディーでの成果を無にしてしまうのか？

その問いに答える男が一人いた。連合国軍総司令官ドワイト・D・アイゼンハワーだ。地中海のマルタ島にある連合国軍総司令部の会議室に入ってくるなり、アイゼンハワーは通夜のような顔の将軍たちにこう言った。いつまでも怖じ気づくのはやめろ、と。「現状は、惨事というよりチャンスであると言うべきだ」と、アイゼンハワーは命令するように言った。「このテーブルには笑顔しか見られないはずなのだが」。

迫り来るドイツ軍の反攻を前にして、アイゼンハワーだけは、ずっと前から目の前にあった解決策に気づくことができた。戦術的に見てナチスの作戦は、そもそも自滅の種をはらんでいたのだ。

ここに至って連合国軍は障害におびえることをやめ、その中にチャンスを見いだした。落ち着いて考えれば分かることだった。連合国軍が自分から崩れずに持ちこたえることができれば、向こう見ずに突進してくるドイツ兵五万人以上を一網打尽にできるのだ。名将パットンはこの状況を大胆にも「肉挽き器」と形容した。

「バルジの戦い」とそれに先立つ「ファレーズ包囲戦」はどちらも大きな転換点になると見られ、連合国軍の勢いももはやこれまでと思われていたのだが、ふたを開けてみれば連合国軍の大勝利に終わった。先頭をくさび形にして前進するドイツ軍をやり過ごし、側面から攻撃することで、連合国軍は敵を背後から完全に包囲した。破竹の勢いで突き進む戦車隊もこれでは形無しで、まさに飛んで火に入る夏の虫だった。側面を留守にしてはいけないという見本である。

さらに言えば、自分のものの見方によって、敵の攻撃が成功することもあれば失敗することもあるという見本でもある。

そしてそれは、立ちはだかる障害に圧倒されず、気落ちせず、動揺しないためのコツでもある。それができる人は少ない。でも自分の感情を抑制し、物事を客観的に見て、泰然自若としていられれば、次の段階が見えてくる。発想を一八〇度転換させるのだ。障害そのものではなく、そこにひそむチャンスに目を向けるように。

ローラ・インガルス・ワイルダーもこう言った。「何事にも良い面はある。探し求めさえすれば」。

ところが、私たちはものを見るのが下手だ。せっかくの贈り物を前にして目を閉じてしまう。想像してみよう。君がアイゼンハワーの立場にあったとして、迫り来る敵に対して自軍の敗北しか見えていなかったとしたら？　戦争はどれだけ長引いていただろうか。どれだけの人命が無駄に失われていただろうか。

問題なのは先入観を持ってしまうことだ。物事はこうであるべきだとか、こうでなければならないと思い込んでしまうことだ。そしてそのとおりにならないと、不利な立場に追いやられたとか、時間の無駄だからほかの道を探そうなどと早合点してしまう。でも本当は、まったく公平なゲームなのだ。どんな状況も行動を起こすチャンスなのである。

ここで、誰もが覚えのある事態――ひどい上司を持つこと、を例に挙げよう。皆、この状況を地獄としか見ない。のしかかる障害だとしか考えない。そしてビクビク震え上がる。

でももしこの状況を、災難ではなくチャンスだととらえたら？

「もう我慢の限界だ、辞めてやる」なんて思ったときこそ、自分を磨き成長させる絶好のチャンスなのだ。今までと違うやり方で解決を試みたり、新しい戦術を試したり、新しい課題に取り組んでスキルを増やしたりするチャンスなのである。最悪の上司を観察して反面教師とすることもできる。その間に履歴書を書いて、どこか良い転職先にどんどんアプローチすればいい。ひどい上司の下でコミュニケーション能力を磨けば、転職にも有利になる。しかも、自分の身を守りながら十分なセーフティーネットをもって辞めていくことができるのだ。

こうして新しい態度を身につけ自信がつけば、ひょっとしたら上司から譲歩を引き出すことができ、今の仕事がまた好きになるかもしれない。上司がある日ミスをしでかしたら、君が行動を起こして出し抜いてやろう。そのほうが、泣き言や悪口を言ったり、面従腹背したり、おどおどしたりするよりずっといいではないか。

あるいは、職場での長年のライバル（ライバル企業でもいい）を例にとろう。絶えず頭痛の種となっている相手だが、実はこんなメリットもあるのだ。

- 常にほどよい緊張感を与えてくれる
- ハードルを上げてくれる
- 相手の間違いを証明してやろうという気になる
- 君を強くしてくれる
- 真の友のありがたさを感じさせてくれる
- 反面教師になってくれる

あるいは、コンピュータの障害で作業中のデータが吹っ飛んでしまったら？　もう一度やり直すのだから、倍は良い出来になるはずだ。

自分の事業判断が間違っていたことが分かったら？　つまり、自分の立てた仮説が間違いだと分かったらどうする？　何をうろたえることがあるだろう。科学者ならそんなこと気にしない。むしろ助けになるのだから。「次回は別の手をとったほうがよさそうだ」と。それに君は二つのことを学んだのだ。直感が間違っていたこと、そして自分がどんなリスクを冒しやすいのかということを。

恩恵と重荷とは相容れないものではない。話はもっと複雑だ。ソクラテスの妻は意地悪で口やかましい女だったが、ソクラテスはいつも、こんな女を妻にもてたことは哲学の良い訓練になると言っていた。

もちろん、嫌な状況はできれば避けたいのが人情だ。でももし、なんとしても避けたい悲惨な状況（第一幕）のあとに、第二幕があるらしいということをちらりとでも思い出せたら？

スポーツ心理学の世界で、最近こんな研究が行われた。逆境に陥ったり、重大なけがに見舞われたりした一流スポーツ選手を対象にしたものだ。どの選手も最初は、孤独感や心理的葛藤、自分の運動能力への疑問を口にした。ところが時間がたつと、ほかの人の力になりたい、新たな視点が開けた、自分の本当の力に気がついた、と言うようになった。ケガをしている最中にさまざまな不安や疑念を感じたことで、まさにそうした面で強くなることができたのだ。

素敵な話だ。心理学ではこれを「逆境後の成長」とか「外傷後の成長」という。「死ぬほどつらい体験をすれば強くなれる」というのは使い古された言葉だが、真実を突いている。

立ちはだかる障害と闘った者は必ず、前より高いレベルへ引き上げられる。どれだけ懸命に闘ったかによって、成長の度合いが決まる。障害は逆境などではなく恩恵なのだ。それを見えなくしてしまう歪んだ見方こそ敵である。

これまで話してきた戦略の中でも、これは特にいつでも使える手だ。正しい見方を身につければ、つまり包み（障害）は無視して、中にある贈り物（チャンス）を見通す目を持てば、どんなものでもひっくり返せるのだ。

もちろん、障害に真っ向から戦いを挑んでもいい。結果は同じだ。障害は依然そこにあるが、前ほどはつらく感じない。チャンスはすぐそこに、水面下に隠れている。それを取りに行かないなんて、そんなバカ者がどこにいるだろうか？

ほかの人が嫌がること、尻込みすることにこそ感謝しよう。

周りの人がこんなふうだったら……

- 無礼で失礼な態度だったら
  ――君は見くびられている。非常に有利な材料だ
- 悪事を企んでいるなら
  ――見せしめに懲らしめても謝る必要がない

● 君の能力を批判したり疑ったりしているなら
——期待が低い分、応えるのが楽になる

● 怠け者だったら
——君の成果がそれだけ立派に見える

びっくりだ。申し分のない出発点ではないか。ひょっとしたら、君が思い描いていた最良のシナリオよりもいいくらいかもしれない。礼儀正しい人間からどんなメリットを引き出せるだろう？　手加減をしてくる相手からは？　むしろ、明らかに不快な対応をされたときこそチャンスだ。それをかぎ分け、つかみとって行動を起こすのだ。

だから、しっかりと見よう。不利に思える状況で手渡される、一見してはねのけたくなるようなみずぼらしい包みの中には、欲しいもの、本当に大事なものが隠れているのだから。素晴らしい恩恵という贈り物が……。

これは、「コップに水が半分しかないと思うか、まだ半分あると思うか」という話ではない。物事の見方を一八〇度転換するのだ。ネガティブな面の裏側に必ずあるポジティブな面を見つけるのである。

PREPARE TO ACT

行動の準備をする

トラのようになれ。筋肉を引き締め、血をわき立たせよ。

ヘンリー五世

問題というものの多くは、自分が考えるほどひどくないものだ。むしろ、悪く考えれば考えるほど、事態はさらに悪くなる。

最悪の事態とは出来事そのものではなく、その出来事に際して自分を見失ってしまうことだ。それでは自分で自分の首を絞めることになる。それに気づけば、大きな前進だ。

君がなすべきことは一つだけ。世界をありのままに見られるようになったら、すぐに行動に移ること。適切な見方を身につければ、というのは客観的、理性的、野心的で透徹《とうてつ》した見方のことだが、そうなれば障害の姿がくっきりと見え、正体が分かる。

頭がクリアになればなるほど、手元はしっかりする。

その手を使って仕事に取りかかろう。うまくいくはずだ。

人生ではいろいろ損得を計算しながら、判断を下していかなくてはならない。世界をバラ色のメガネで見ろとまでは言わない。華々しい失敗を遂げろとか殉教しろとか言うつもりもない。

それでも、果敢さというものは大切だ。君が直面する障害の、暗い現実が分かっているとしても。

壁に立ち向かう覚悟を決めよう。といってもオッズを無視するギャンブラーのように振るまうのではない。きちんと計算したうえで、果敢にリスクを受け入れるのだ。

正しいものの見方を身につけた今、次にすべきことは行動だ。

さあ、用意はいいだろうか？

Part II

行動

Action

行動とは何か？　行動なら誰でもしているが、正しい行動となるとそうはいかない。私たちが身につけたい行動というのは、その場かぎりの間に合わせの行動ではない。一つの目標を達成するまでの「行動の統率をとる」ことも重要なのだ。何事も全体のために行わないといけない。一つひとつ行動を積み重ねることで、粘り強く、柔軟に、目標の達成に狙いを定めて目の前の障害を解体していく。行動に必要なのは勇気であって、無鉄砲ながむしゃらさではない。クリエイティブに動くことと力任せに突っ走ることは違うのだ。私たちは自分の行為と決断によって人生を形づくっている。だから計画的に、かつ大胆に、粘り強く行動することが必要だ。それこそが正しく、そして効果を上げる行動の条件である。それ以外のもの……つまり思慮を欠いたり、ごまかしたり、他人を当てにしたりするのはダメだ。

行動とは、自ら逆境に打ち勝ち、乗り越えるための手段なのだから。

THE DISCIPLINE OF ACTION

第二の鍛錬――行動

デモステネスが古代ギリシャ・アテネ随一の演説家になる運命だったとはとても思えない。古代ギリシャどころか、ほかのどの時代に生まれていたとしても名演説家になったとは思えないのだ。生まれつき病気がちで虚弱、おまけに吃音でもあった。七歳のとき父親が亡くなると、状況はさらに悪くなった。

デモステネスには莫大な財産が遺され、それで家庭教師をつけ良い学校に行けるはずだったのだが、後見人となった者たちにみな着服されてしまった。後見人たちは家庭教師の費用を出そうとしなかったので、デモステネスは受けられるはずの教育が受けられなかった。ギリシャではもう一つ、ギュムナシオンという教育施設（体育学校のようなもの）もあったが、元来病弱なデモステネスが、そこで活躍できるはずもなかった。

要するにデモステネスは父もなく、弱々しく、ぶざまな少年だったのだ。誰にも理解されず、皆にばかにされていた。まさかこの少年がほどなく頭角を現し、その演説一つでアテネ市民を一つにまとめ、異民族との戦いに駆り立てることになろうとは、誰にも予想できなかった。

デモステネスは生まれつきハンディを抱えていたうえ、頼りにしていた人々にも見捨てられた。およそ子供の身に降りかかるであろうありとあらゆる災難がデモステネスを襲った。どれをとっても公平ではなく、正しくないことばかりだった。もし私たちがデモステネスの立場だったら、絶望してすぐにあきらめてしまったのではないだろうか。しかし、デモステネスはそうではなかった。

若きデモステネスの心の中には、以前アテネの法廷で見た偉大な演説家の姿が焼きついていた。その男は一人巧みに力強い演説を繰り広げ、聴衆の賞賛を浴びていた。聴衆は何時間もその一語一語に聴き入っていたものだ。声の調子と力強い主張、ただそれだけでどんな反論をも撃退した。その姿がデモステネスの心に火をつけた。弱々しく、打ちのめされ、無力で、ちっぽけなわが身と比べ、この力強く堂々とした男はどうだ？　自分もこんなふうになれるだろうか？

こうしてデモステネスは行動を起こした。

デモステネスは吃音を克服するため、独特の練習方法をいくつも考案した。丸い小石を口に詰めこんで話す練習をした。強い風に向かって、あるいは急な坂を駆け上りながら演説の稽古をした。一息で演説の台詞を言い通せるようにもした。じきに、ぼそぼそとして弱々しかった声が明朗さと力強さを帯びてきた。

続いて、デモステネスは地下に穴蔵をつくり、そこで自分を鍛えることにした。文字どおり地下に閉じこもったわけだ。外の世界の誘惑に屈しないように、顔の半分だけひげをそり落とし、恥ずかしくて人前に出られないようにした。毎日欠かさず地下に降りては発声や顔の表情、弁論術を研究し練習を重ねた。

思い切って外に出たときには、学ぶことがさらに多かった。あらゆる瞬間、あらゆる会話、あらゆる取引が腕を鍛えるチャンスだった。それもこれも一つの目的のため――法廷で憎き敵と対決し、奪われたものを取り返すためだった。デモステネスは本当にそれを実行した。

成年になり、とうとう、ひどい仕打ちをした後見人たちを訴えたのだ。後見人たちは巧みに逃げを打ち、弁護人も雇ったが、デモステネスはあきらめなかった。柔軟にクリエイティブに立ち振る舞って、何度も法廷で闘い、無数の演説をこなした。新たに得た力に自信をもち、積年の思いに駆り立てられたデモステネスにとっては、後見人などものの敵ではなかった。最後にはデモステネスが勝利した。

もともとあった財産はほとんど残っていなかったが、金は一番の目的ではなくなっていた。演説家として聴衆の心をつかむ能力を認められ、並ぶ者のいないほど法律に詳しいという評価まで得たのだ。もはや財産がいくら残っているかなどどうでもよかった。

デモステネスは演説をこなすたびに強くなり、何か問題にぶつかるたびに決意を固くした。弱い者いじめをする者を見抜き、恐怖心を退けられるようになった。不幸な運命と格闘するうち、自分が心の底から求めているものに気づいた――アテネ市民の声になりたい、偉大な演説家になって、アテネ

郵 便 は が き

料金受取人払

新宿局承認

767

差出有効期間
平成30年3月
31日まで

160-8790

611

東京都新宿区
西新宿7-9-18 6F
フェニックスシリーズ
編集部 行

フリガナ お名前	年齢	性別 男・女 職業
住所 〒		
電話番号 ( )		
E-mail		

愛　読　者　カ　ー　ド

ご購入いただいた
本のタイトル

ご購入いただいた書店名（所在地）

●本書を何でお知りになりましたか？

1.　書店で実物を見て（店名　　　　　　　　　　　　　　　　　　　　）
2.　HPまたはブログを見て（サイト名　　　　　　　　　　　　　　　　）
3.　書評・紹介記事を見て（新聞・雑誌・サイト名　　　　　　　　　　　）
4.　友人・知人からの紹介
5.　その他（　　　　　　　　　　　　　　　　　　　　　　　　　　　）

●復刊・翻訳をしてほしい書籍がありましたら、教えてください。

●本書についてのご感想をお聞かせください。

ご協力ありがとうございました。

●書評として採用させていただいた方には、**図書カード500円分**を差し上げます。

こちらからもお送りいただけます。

FAX 03-5386-7393　　E-mail　info@panrolling.com

市民の良心を代弁したい、と。デモステネスがその思いを実現できたのは、苦難に負けず闘ってきたからだ。激しい怒りや苦しみを糧にして己を鍛え、やがて演説に打ち込んだ。デモステネスの演説には、誰もかなわないような激しい力がみなぎっていた。

デモステネスはあるとき、「演説の重要な条件を三つ挙げるなら？」と聞かれ、こう答えた。「行動、行動、行動だ！」。

デモステネスが生来の財産を失ったのは不幸なことだった。だがその現実と闘うなかで、財産よりもはるかにすばらしいものを手に入れた。そしてそれは誰にも奪われることはないのだ。

ところで、君はどうだろう？　トランプで悪い手がきたらどうする？　ゲームから降りてしまう？　それとも配られたカードで頑張ってプレイを続ける？　あるいは、どこかで爆発が起きたとしよう（比喩的にとってくれてもいい）。君はそこに向かって走っていくタイプ？　それとも逃げ出すタイプ？　もしかして、凍りついて何もしないタイプだろうか？

こんなちょっとした性格テストでおおよそのことは分かる。

残念ながら、多くの人は落第だ。つまり行動しないほうを選んでしまう。行動とは本来、人間にとって自然で本能的なものだ。たとえば転んで倒れたら、体が反応して守ってくれる。手を伸ばして落下の衝撃を和らげ、顔が傷つかないようにしてくれるのだ。凶悪な事件に遭遇したときはショックで固まってしまうが、それでもとっさに腕を顔のあたりにかざして傷つくのを防ぐ。いわゆる「防衛本能」というものだ。そんなときは何も考えず、何も不平を言わず、何も論じない。ただ行動する。私たちには本当は力があるのだ。自分で思っているよりもはるかに強い力が。

けれども、ふだんの生活ではそうした本能が抑えられているので、ついぐずぐずしてしまう。デモステネスのようには行動していない。私たちはあまりにもろく、無力で、自分を向上させることができない。問題を説明することはできるし、ときには解決策さえ提示できるのに、何週間、何カ月、何年たっても問題はそのままだ。さらに悪化していることさえある。誰かがそれを片付けてくれるのを待っている。そのうちに障害のほうからひとりでに消えてくれるかもしれないと本気で信じている。

皆、そうして時を過ごしている。こうつぶやきながら。「もうダメだ。もう疲れた。もう嫌になった。もう時間がない。もう打つ手がない。もう手に負えない」。

それで結局していることといえば、遊びに出かけてどんちゃん騒ぎ。買い物や旅行でストレス発散。寝てしまう。何もせず待つ。

無視したり見ないふりをするほうが気は楽だ。でも、それでは一向に良くならないことが心の底では分かっているはずだ。行動しなければいけないのだ、今すぐに。

私たちが忘れていることがある。人生で大事なことは、何が起きるかや、何を与えられたかではない。むしろ起こったことや与えられたものと、どのように向き合うかが大事なのだ。そして何か壮大なことを成し遂げたければ、そうした条件をできるだけ生かすしかない。

いつの時代も、吐き気がするほどの苦しい状況を、誰もがうらやむ状況に変えた人々がいる。しかも私たちより、ずっとひどい状況でもだ。

身体に障害があったり、人種差別を受けたり、強大な敵軍に戦いを挑まなければならなかったり。それでも彼らはあきらめなかった。自分をあわれむこともなかった。きっといつか良くなるなんて妄想にも逃げ込まなかった。ひたすら目前の大事なことだけに集中した。つまり力強く、クリエイティブに、目標に向かって邁進していったのだ。

たとえば何十年、何百年も前の混乱した時代に、何も持たず、貧困や紛争のなかで生を受けた人々もいる。でも彼らはそのおかげで、公正さや善悪といった近代の観念に染まらずにいられた。どれ一つとして彼らには当てはまらなかったからだ。目の前にあるのは、厳しい現実だけだった。だから文句も言わず、立ち向かった。自分に与えられた条件を最大限に生かそうとした。そうするしかなかったのだ。ほかに選択肢はなかったのだから。

病弱な体に生まれついたり、差別を受けたりするのは誰だって嫌だ。一文無しになりたい人もいない。障害に邪魔されて自由に動けないのも嫌だ。残念だがこうした現実は、気の持ちようでどうにかなるものではない。それでも行動することには意味があるし、それによって身を守ることができる。実際、こうした状況にあっては行動するしかないのだ。

とはいえ、「ちくしょう、最悪だ」などと、一瞬たりとも思うなとは言わない。吐き出して気持ちが整理できるなら吐き出せばいい。でも長引かせてはいけない。君にはやるべき仕事があり、障害を乗り越えるたびに強くなれるのだから。

――でも……。

「でも」はいらない。言い訳はなし。例外もなし。逃げるのもなし。なぜならこれは君の人生なのだから。逃げ出すぜいたくなんてないのだ。隠れるのもダメだ。挑戦したいものがはっきりあるのだから。目の前の障害に立ち向かい、ひっくり返すんじゃないのか？

誰も助けに来てはくれない。君が行きたいと思う場所に本気で行きたいのなら、あるいは、君が達成したいと言っている目標を本気で達成したいなら、道は一つだ。正しく行動して、問題を解決していくこと。

そのためには、いつも次のような態度で障害と向き合おう。

- 精力的に
- 粘り強く
- 首尾一貫して、計画性をもって
- 繰り返し、何度でも立ち上がり
- プラグマティックに（実利的に）

- 戦略的なビジョンをもって
- よい意味でずる賢く、要領よく
- チャンスや大事な瞬間を見逃さない目をもって

さあ、取りかかる用意はできたかな?

GET MOVING

動き続ける

私たちは皆、動きすぎてすり減ってしまうか、さびて動けなくなってしまうか、どちらかだ。
私ならすり減るほうを選ぶ。

セオドア・ルーズベルト

アメリア・イアハートという女性をご存じだろうか？　彼女の夢は立派な飛行機乗りになることだった。しかし、一九二〇年代の話である。女性はかよわい存在で、能力もないという見方がまだまだ一般的だった。アメリカの女性に選挙権が認められてから一〇年もたっていなかった。

イアハートはパイロットで生計を立てることはできなかったので、社会福祉士の仕事についた。そんなある日のこと、一本の電話がかかってきた。かけてきた男は無礼きわまる話を持ちかけてきた。

「ある人が、大西洋横断飛行をする最初の女性に資金を出そうと言っている。第一候補の女性には断られてしまった。そこで君にお願いしたいわけだが、実際に飛行機を操縦してもらうわけじゃない。男性を二人付き添わせるつもりだ。分かると思うが、二人にはたっぷり報酬が出るが、君には何もない。それから、今回の飛行で死ぬことは十分ある」と。

この申し出にイアハートはどう答えたか？　「イエス」と言ったのだ。

これが不利な状況でも立ち向かっていく人の姿だ。偉業を成し遂げる人のやり方だ。飛行機に乗ることであろうと、性差別を突き破ることであろうと、とにかく一歩を踏み出す。どんな場所からも、どんなやり方でも。条件が完璧かとか、軽んじられていないかなんて気にしない。とにかくスタートさえ切れば、あとはどこかで弾みをつければいい。そうすれば夢をかなえることができる。

アメリア・イアハートの場合もそうだった。それから五年とたたずに、女性で初めて大西洋横断ノンストップ飛行を成功させた。まさしく世界中で注目され有名になり、人々の尊敬を集めるようになったのである。

しかし、もしイアハートが前述の申し出を鼻先であしらったり、何もせずに自分をあわれんでいたとしたら？　どれも夢物語で終わっていた。最初の飛行のあと、挑戦をやめてしまっていたら？　やはり同じことだ。肝心なのは、イアハートが自分で扉を開け、前に進み続けたということだ。それが成功の秘訣である。

誰の人生も不満でいっぱいだ。でも何が問題なのかは、案外分かっていることが多い。何をすべきか分かっていることもある。それなのに尻込みしてしまう。行動を起こすのはあまりにリスキーだとか、経験が足りないとか、思い描いていたのと違うとか、お金がかかりすぎるとか、まだ早すぎるとか、もっといい話が来るかもしれないとか、単純にうまくいきそうにないとか、言い訳ばかりを並べ立てて……。

その結果、どうするのだろうか？　何もしないのだ。そう、何もしない。

自分に言い聞かせよう。時は来た。追い風が吹き始めた。門出の鐘が鳴っている。腰を上げろ、出発だ。自分がぼんやりしている間にも世界は動いている、そんなふうに感じることがよくある。私たちは始めるべきときに後れをとってしまう。もう走っているか、できることなら全力疾走していないといけないときに、まだのんびりとジョギングをしている。そしてある日愕然とする。「どうしてだ？」と。何も大したことをしていない、チャンスなんか一度も訪れなかった、次々と障害が現れて積み重なっていく、それに、気がつけばライバルたちが力を合わせてしまった……。

それはそうだろう。ライバルたちに息をつく余裕を与えたのだから。チャンスを与えてしまったのだから。

だから最初のステップは、肩に担いでいたバットを下ろして一振りすることだ。そして出発しよう。目的地がどこであろうと。

君が一歩を踏み出したとしよう。素晴らしい。それだけでもう多くの人の先を行っている。ただ、自分自身に正直に聞いてみてほしい。本当はもっとよくやれるんじゃないか？　たぶんそうだ。いつだってもっとやれる余地はある。少なくとも、もっと頑張れるはずだ。出発はしたかもしれないが、まだそこに全力投球はしていない。見てのとおりだ。自分でも分かっているはずだ。

そういう態度は結果に影響するだろうか？　もちろんだ。

第二次大戦の初期、イギリス兵にとって北アフリカ戦線へ送られることほど嫌なことはなかった。厳しい気候と地形のせいで、もってきた機械類は役に立たず、練り上げた計画も台無しだった。秩序と規律を重んじるイギリス軍には、何もかも気に入らなかった。そんな気持ちが緩慢や臆病、慎重などという行動にも表れた。

一方、ドイツ陸軍元帥エルヴィン・ロンメルはこのような状況を歓迎した。ロンメルにとって、戦争とは一種のゲームだった。危険で、無謀で、乱雑で、めまぐるしいゲームだ。何よりロンメルはこのゲームにすさまじいエネルギーを注ぎ込み、絶えず部隊を前に進めた。

ドイツ軍ではこんなふうにいわれていた。「ロンメルの行くところ、そこが前線だ」。

馬の鐙《あぶみ》に足を押しこみ、果敢に突き進むこと――それが次のステップだ。

ただしそれは、こんにちのリーダーにはほとんど当てはまらない。給料ばかり高いＣＥＯがバケーションに出かけ、自動Ｅメール返信機能でごまかしている間、世界のどこかではプログラマーが一日一八時間働いて、ＣＥＯのビジネスを破壊するような新興企業を立ち上げている。正直にいえば私たちは、自分が立ち向かっている（あるいは立ち向かってさえもいない）問題に対して、このＣＥＯと同じ態度をとっているのではないか。

君が眠っているとき、旅行をしたり、会議に出たり、だらだらとインターネットをしているときにも、同じことがいえる。つまり君は自分に対して甘くなっているのだ。がつがつした姿勢が足りない。ぐいぐい前に進んでいない。君にはペースを上げられない理由が百万とあるのだろう。だから人生のいろいろな障害が、とてつもなく大きく見えてしまうのだ。

最近ではいろいろな理由で、がつがつすることやリスクを冒すこと、前に突き進むことが敬遠される傾向にある。それはきっと、暴力や男らしさといったものに否定的なイメージがもたれているからだろう。

でももちろん、それは間違っている。イアハートがそれを証明してくれた。彼女は飛行機の機体側面にこんな言葉を描いていたのだ。「考えごとも操縦桿を前に倒しながらすること」。つまり、速度を落としてはいけないということだ。でないと墜落してしまう。十分慎重に、でも足を止めることなく、前に進み続けなければいけない。

これが決定的になくてはならない要素だ。動き続けること！　それも、常に。

イアハートと同じくロンメルも、歴史の教訓から学んでいた。敵との戦いでも、また人生でも、誰よりも積極的に多くのエネルギーを注いだ者が勝利するのだと。休むことなく前進し続けるロンメルに、臆病なイギリス軍は敗走を重ね、大打撃を被った。

北アフリカ各地、キレナイカ、トブルクおよびチュニジアでロンメルが仕掛けた一連の攻撃は、戦争史上類を見ない勝利をもたらした。イギリス軍が惰眠をむさぼっている間に、ロンメルはとっくに出発していた。おかげで地球上で最も過酷な地勢のなか、絶対的に優位と思える状況をつくりだすことができた。ロンメルは北アフリカの荒涼とした戦場を突き進んだ。とてつもない距離の移動も、強烈な砂嵐も、焼けつくような暑さも、水不足にも耐え抜いた。絶対に、何があっても足を止めなかった。

これには部隊長たちも驚き、さんざん手を尽くしてロンメルを止めようとした。慎重に議論を重ねてから前進すべきだというのが部隊長たちの考えだった。こうしてロンメルがせっかくつくり上げた勢いは、大いにそがれてしまったのだ。私たちの生活とまったく同じだ。

だから何か追いかけたい目標があるなら、ただ座って、うまくいかないとか、障害を越えられないとかぼやいていても始まらない。もしまだ取りかかってもいないのなら、この先もずっと同じ場所にいることになるだろう。なにしろ出発さえしていないのだから。

「社会としての勇気」ということはよくいわれるが、勇気とはそもそも、一人ひとりが行動を起こすことにほかならない。怖い相手に会いにいくとか、学びたい分野の本を読む決意をするとか……。イアハートをはじめ偉人たちは皆、私たちが経験したことのないような過酷な条件に置かれながら、ただこう言って始めたのだ。「さあ出発しよう」。

希望どおりの条件でなくても、まだ準備ができていないと感じていても、それだからうまくいかないことにはならない。勢いをつけたいのなら、自分でなんとかしなくてはいけない。さあ、今すぐ立ち上がって、始めよう。

PRACTICE PERSISTENCE

粘り強く取り組む

抜け出すのに一番いい方法はやり通すことだ、と男は言う。
私もそれに同意する、その点については。
私にも抜け出す道は見えないけれど、やり通すことはできるから。

ロバート・フロスト（アメリカの詩人）

南北戦争中、北軍司令官のグラントはビックスバーグ攻略にほぼ一年を費やした。ビックスバーグはミシシッピ川の崖の上にそびえる町で、ここを拠点に南部連合はアメリカ一重要なこの川をおさえていた。グラントはまず正面から攻撃し、さらに周囲からも攻撃を仕掛けた。何カ月もかけて運河を掘って川の流れを変えようともした。上流の堤防を爆破して土地を水没させ、船で町へ乗り込むことまで考えた。

しかしどれもうまくいかなかった。その間、新聞はさんざん騒ぎ立てた。何カ月も成果がなかったからだ。リンカーンはグラントに代わって司令官を務める人物を現地に派遣し、待機させていた。にもかかわらず、グラントは動じず、慌てることも、作戦を中止することもなかった。グラントには、どこかに攻略ポイントがあるはずだと分かっていた。それを見つけるか、そうでなければ自分でつくりだせばいい。

グラントが次に打った手は、軍事理論の常識からは考えられないものだった。ミシシッピ川を守る敵の砲台の下を、船で走り抜けるというのだ。あまりに危険な作戦だった。一度川を下れば、もう戻ってこられないのだから。

激しい夜間の銃撃戦の末、ほとんどの船が無事に川を下ることができた。数日後、約五〇キロ下流の地点で一行は川を渡った（ちなみにルイジアナ州のその辺りの土地は「難攻不落《ハードタイムズ》」と呼ばれていた。この状況にぴったりの呼び名だ）。

グラントの計画は大胆きわまるものだった。補給部隊をあらかた後方に残してきたので、自分たちは現地で食料を調達するしかない。川沿いを進みながら、一行は次々に町を制圧していった。グラントがとうとうビックスバーグを包囲したころには、部下はもちろん敵の兵士にもはっきり伝わっていた。「この男は絶対あきらめない」ということが。やがて敵の防御にも穴が開いた。グラントを止めることはできなかったのだ。美しい勝ち方ではなかったが、そこには鉄の意志があった。

人が障害を打ち負かそうとするとき、心の中に向けて、また外に向けても、こんなメッセージを送ることになる。すなわち、失敗しても足を止めない、外野から何を言われても焦らずうろたえない。障害が消え去るまで、のみで彫るように懸命に切り崩していく。抵抗しても無駄なのである。

グラントはビックスバーグで二つのことを学んだ。一つは、根気強さや粘り強さは素晴らしい財産であること。リーダーであるグラントにとっては最大の財産だといってよいだろう。二つ目は、そうした一意専心の末によくあることなのだが、従来の手が尽きたことで新しいやり方を試す必要に迫られたことだ。補給部隊から離れて敵の領土で食料を調達するという戦術は前代未聞だったが、おかげで北軍は南部から、食料はもちろん戦う気力までじわじわと奪うことができた。

いくら根気強いといっても、グラントとて楽々と障害を突破したわけではない。あらゆる方法を試して失敗したあげく、まったく新しい方法を見つけたのだ。それが結局、戦いに勝利をもたらすことになった。

グラントの話はルールの例外ではない。むしろこれこそがルールなのだ。イノベーションとはこのように働くという見本である。

一八七八年、トーマス・エジソンは白熱電球の実験に明け暮れていたが、当時、白熱電球の研究に取り組んでいる者はほかにもいた。だが、六千種類ものフィラメントを試そうとした者はエジソンただ一人だ。なかには、従業員のひげから作ったものまであった。こうして一歩ずつ、使える材料に近づいていった。

そしてもちろん、最後にはそれを見つけた。天才とは粘り強さの別名だということを証明したのだ。エジソンはこの研究に全身全霊を注ぎ込み、倦むこともあきらめることもなかった。しびれを切らしたライバルや投資家、マスコミを尻目に、なんと竹の繊維に、世界を照らし出す力を見つけたのだ。

当時、エジソンの研究所で失意の一年を過ごしていた電気技師ニコラ・テスラは、こんな捨て台詞を残している。エジソンという男は、干し草の山から一本の針を見つける必要があれば「すぐに取りかかって、目当ての物を見つけるまでわらを一本一本調べるだろう」と。だが、ときにはそれが正しい方法となるのだ。

何か障害にぶつかったときは、グラントとエジソンを思い浮かべるといい。グラントは口に葉巻をくわえた姿を、そしてエジソンは何日もぶっ続けで研究所ではいつくばる姿を。二人とも決して立ち止まらず、泰然として粘り強かった。詩人アルフレッド・テニスンがユリシーズをテーマにうたった詩に「努力し、求め、探そう」という一節があるが、その精神を体現しているかのようだ。そして二人とも、絶対にあきらめなかった。頭の中でいろいろな選択肢を思い浮かべては、一つずつ試した。一つとして手は抜かなかった。最後にはうまくいくと確信していたからだ。何度でも試せることを喜び、そのたびに貴重な発見が得られることに感謝した。

君の前に立ちはだかる障害は、どこにも消えやしない。いくら頭をひねっても、創造力を働かせても、一瞬のひらめきによって消し去ることはできないのだ。目を見開いて、その障害と向き合おう。周りの人たちを見れば、お決まりの疑念と言い訳の大合唱を始めているはずだ。そんなときはマーガレット・サッチャー元英首相にならって、こう言えばいい。

「引き返したいならどうぞ。私は引き返しません」。

グラントやエジソンのような大勝利は一瞬のひらめきによるものだと思っている人がほとんどだ。純粋に才能によって問題を解決したのだと。でも本当は違う。さまざまな角度から繰り返し、じわじわと攻めて、有望な選択肢をつぶしていったその積み重ねの上に、解決策が浮かび上がったのだ。この二人に共通する才能とは、一つの目標を一途に追いかけ、疑いの声に耳を貸さず、最後までやり抜く意志があったということである。

でもこの方法が本当に「科学的」なのか、「適切」なのか、と疑問に思う人もいるだろう。大事なことは、それで実際やり抜けられるということだ。

やり抜く意志があればできるのだ。実に単純だ（やはり、口で言うほど簡単ではないが）。

人生で何かをなそうとするとき、技能というのは問題にならない。通常、何かを成し遂げようとする時点で、その分野の技術や知識、能力なら十分に備えているはずである。でも、自分のアイデアを磨いていく忍耐力は？　資金を出してくれる人や支援してくれる人が見つかるまでドアを叩き続ける気力は？　いろいろな駆け引きを切り抜けて、ドラマのように集団を動かす粘り強さは？　果たしてそれらを備えているだろうか。

いったん障害との闘いを始めたら、途中でやめるという選択肢はない。そんなことを考えてはいけない。では、途中でもっとうまくいきそうな方法が見つかり、そちらに乗り換えることは？　もちろんいいとも。それはあきらめるのとは全然違う。だが、すべてやめてしまおうという気になったら、白旗を揚げたも同然だ。

どんなときも、次のような態度を心がけよう。

- 急がない
- 不安にならない
- 絶望しない
- 途中でやめない

ストア派哲学者、エピクテトスの口癖は「やり抜け。耐えよ」だった。君も、一度始めたことはやり抜こう。取り乱したり、落胆したり、混乱したりしてしまいそうなときも、この言葉を思い出して耐え抜こう。

何があっても、冷や汗をかいたり慌てたりする必要はない。動揺したり絶望したりする必要もない。ゲームの途中でノックアウトを宣告されることはないのだ。望みがかなう日まで、長い道のりを歩いていけばいい。

ホイッスルが鳴るまでプレーすればいいのだから、時計を気にする必要はない。試合終了まで足を止めてはいけない。一秒一秒が君のものだ。だから、一時的に失敗しても気にしないこと。長い旅路の途中で、道路にでこぼこがあったと思えばいい。

新しいことを始めれば、必ず障害がついてくる。新しい道とは当然、未開の道だ。粘り強く時間をかけて障害物を取り除き、道を切り開かねばならない。皆があきらめてしまう障害に取り組み、乗り越えることで、誰も足を踏み入れていない地にたどり着ける。困難に耐え、やり抜いたからこそ、見えてくる世界があるのだ。

途中で落胆するのは構わない。でも完全にやめてしまうのはダメだ。投げ出したくなっても踏みとどまり、一歩ずつ前に進もう。君がこの人生で攻略してやると決意した城塞を攻め落とす日まで。それこそが忍耐というものだ。

エジソンはかつて、発明というものをこう説明した。「最初は直感だ。それは突然やってくる。難しいのはそのあとだ」。エジソンがほかの発明家と違ったのは、そうした困難に耐える力があり、解決策が見つかるまでたゆまぬ努力を続けたことにある。

言い方を換えれば、道のりは険しい。君が最初に打つ手はまず失敗するだろう。嫌になり、投げ出したくなるだろう。でもエネルギーというのは、いつでも補充できる再生可能な資源なのだ。だからあきらめてはいけない。神の救いを待つよりも、攻めやすい点を探そう。天使を待つよりも、新しい視点を探そう。選択肢はいくらでもあるのだ。最後までやり通す決意を固め、あらゆる可能性を一つずつ試そう。そうすればいつか目標をかなえられる。

もし誰かから「今どこにいて、何をしていて、どんな状況か」と聞かれたら、答えは決まっている。「今取り組んでいるところだ。一歩一歩目的に近づいている。途中つまずいたら、倍頑張るだけだ」。

ITERATE

反復する

敗北とは何か？　それは教訓にほかならない。前に進むための輝かしい一歩だ。

ウェンデル・フィリップス（アメリカの社会改革者）

シリコンバレーのスタートアップ（新興企業）は始めから、洗練され完成されたビジネスモデルを持っているわけではない。その代わり、「ＭＶＰ（Minimum Viable Product）」と呼ばれる製品を発表する。企業の核となるアイデアを表す製品の最も基本的なバージョンであり、必須機能を一つか二つだけ備えたものだ。

大事なポイントは、消費者の反応がすぐに分かるということだ。ＭＶＰの反応がよくなければ失敗だとすぐに分かるし、損失も少ない。その結果に従えば、消費者の欲しがらない製品を作ったり、製造に投資したりしなくてもすむ。

エンジニアはよく「失敗も売りの一つだ」と言う。

これはジョークではない。もっと良くしよう、学ぼう、新しいことをしよう。そう思うなら、失敗は本当に財産になるのだ。すべての成功の前提条件と言ってもいいくらいだ。だから間違えるのも、進路を変えるのも恥ずかしいことではない。そのたびに選択肢が増えていく。問題だったはずのものがチャンスになるのだ。

昔のビジネスのやり方は違っていた。企業の側でリサーチをして、消費者が求めているものを推測する。それからラボで、そうした製品を作る。その過程で消費者からフィードバックを得ようとはしない。それは失敗を恐れているからだ。失敗に対してあまりに及び腰になっている。こうして手間暇かけた製品が発売日にこけると、それまでの努力が水の泡になる。仮に成功しても、何が成功要因だったのか謎のままだ。一方、ＭＶＰでは始めから失敗とフィードバックを織り込んでいる。だから、失敗するたびに強くなっていく。消費者に受けない機能をどんどんそぎ落とし、受けのよい機能の改良に、限られた資金を注ぎ込むのだ。

世の中では、個人が自分に責任をもって働く風潮がどんどん強まっている。ならば、自分を一個の、いや一人のスタートアップだと考えたほうが賢明だ。

となれば失敗の意味合いも変わってくる。繰り返し試しては失敗し、改善するというサイクルを回していけばいいのである。何度でも挑戦する力は、何度でも失敗し、それを耐え抜く力と切っても切り離せない関係にあるのだ。

成功に向けて行動する過程では、失敗がつきものだ。たぶん何回も。でもそれで構わない。むしろよいことなのだ。行動と失敗はコインの裏表だ。この結びつきがほどけてしまうのは、失敗を間違ってとらえ、行動をやめてしまうときだ。

実際に失敗してしまったときは、こう自分に問いかけてみよう。「何が悪かったのか？　どこを改善できるだろうか？　何を見落としていたのだろうか？」。そうすれば、目的にたどり着くための新たな方法が見つかるだろう。それも、最初よりずっとよい方法が。

失敗すれば、嫌でも窮地から抜け出す策を考えざるを得ない。そこからブレークスルー（現状打破）が生まれるのだ。

世の偉人伝を読むと、多くの人が成功の前にとんでもない失敗をしでかしている。それは、一度ふりだしに戻る必要があったからだ。偉人というのは失敗しても恥じず、むしろ発奮してさらに努力する。スポーツの世界ではときどき、弱小チームが長年やられっぱなしの強敵にあと一歩のところで競り負けるという体験を経て、ようやく自信をつけるということがある。敗北はつらいかもしれないが、フランクリンの言うように、ありがたい教師でもあるのだ。

話がビジネスならば、失敗をしてもあまり個人的には受け止めず、あくまで仕事のうちだと割り切れる。投資や新製品がうまくいけば素晴らしいし、失敗しても、その心づもりはできているから大丈夫だ。もともと大した金額は投じていないのだから損失も少ない。

偉大な起業家の特徴を挙げてみよう。

- 一つの立場に執着しない
- 投資資金を少々失うぐらいは恐れない
- くやしがったり恥ずかしがったりしない
- 長い間ゲームから離脱しない

滑って転ぶことは何度もあるが、崖から落ちるまではしない。

私たちは、失敗から貴重な教訓が得られることは理解していても（この目でしかと見てきたのだから）、やはり尻込みしてしまう。失敗は情けない、恥ずかしいと考えて、なんとしても避けようとする。そして、いざ失敗すると大騒ぎする。

「どうして失敗しようなんて思えるんだ？　つらいじゃないか」。

つらくないなんて言うつもりはない。でも、取り返しのつかない大失敗をするよりは、前もって見越しておいたその場限りの失敗のほうがましじゃないだろうか。よい学校と同じで、失敗から学ぶのもタダではない。授業料の代わりに、苦痛や損失を味わい、一からやり直すことになるのだ。喜んで授業料を払おう。君が選んだキャリア、書きたい本、立ち上げたいベンチャーにとってこれ以上の教師はいない。こんな話がある。アイルランドの船の船長が港で暗礁のある場所を全部探り当てた。なんと自分のボートの船底を使ったのだ。何でも利用できる、そうだろう？

エルヴィン・ロンメルが北アフリカでイギリス・アメリカ連合国軍を相手に怒濤の攻撃を見せたことはすでに述べた。この話には後日談がある。実は、連合国軍がわざわざ不利な戦場を選んだのには理由があった。当時イギリス首相だったチャーチルは、ドイツ軍とどこかで緒戦を戦わねばならないことは分かっていたが、ヨーロッパでそれを行い、もし負けた場合、士気に甚大な影響が及ぶことも見越していた。

イギリス軍は北アフリカでドイツ軍との戦い方を学んだ。最初のうちは失敗から学んでばかりだったが、それも許容範囲のうちだった。イギリス軍は、停滞と発展を交互に繰り返す学習曲線というものを知っていて、その心構えをしていたからだ。むしろ失敗を歓迎した。グラントやエジソンと同じく、失敗の先に勝利が待っていることを知っていたからだ。事実、イタリアでヒトラーと相対した連合国軍は、アフリカで戦ったときよりもはるかに強くなっていた。やがてフランスで、次いでドイツでぶつかったときにはさらに強さを増していた。

失敗をただの失敗に終わらせる絶対確実な方法が一つある。それは、失敗から学ばず、同じことを何度も何度も繰り返すことだ（愚の骨頂ともいえる）。人はいつも小さな失敗を繰り返す。ところがそれでも懲りず、聞く耳をもたない人もいる。失敗から露呈した問題点を見ようとしない。それではよくなるわけがない。

愚かにも変化を拒む人は、自分のことしか頭にないタイプだ。人生には、言い訳をしたり、自説を論じ立てたり、ほかの人に非を認めさせたりする時間などないということに気づいていない。やわな体に石頭では、エゴの鎧《よろい》が固すぎて失敗をしっかりと認められないのだ。

さあそろそろ理解しよう。何か行動し失敗するたびに、世界は君に何か伝えようとしているのだと。まるでフィードバックのように、どうすればもっとよくなるのか、丁寧に教えてくれているのだ。途方に暮れた君に、手がかりを与えようとしているのだ。その教えに耳を傾けよう。

耳を塞いでしまえば、つらい経験になるだけだ。耳を塞いではいけない。

世界をこのような目でとらえることも、障害を打ち負かすうえで重要だ。そんな目をもてたとき、暗闇は光に変わる。普通なら落胆する状況が、チャンスに見えてくる。失敗することで、その道が間違っていることが分かる。そのおかげで正しい道が見えてくるのである。

FOLLOW THE PROCESS

プロセスに従う

櫛をかければ、もつれた髪もまっすぐな道となる。

ヘラクレイトス（古代ギリシャの哲学者）

アメリカンフットボールのコーチ、ニック・セイバンはその言葉を実際にはそれほど頻繁に使ったわけではなかったが、アシスタントコーチや選手たちは全員、信条として守っていた。皆、その言葉を胸に刻み込み、何か行動を起こすたびにそれを口にした。なぜならチームの前代未聞の成功は、そのたった一つの言葉――「プロセス」――のおかげだったからだ。

セイバンはアラバマ大学アメフトチームのヘッドコーチとして、全米大学フットボール史上最強といわれる王朝を築いている。セイバンはほかのコーチとは着眼点が、少なくとも教え方が違っている。

セイバンは「プロセス」を教えるのだ。

「ＳＥＣ（サウスイースタン・カンファレンス）での地区優勝なんて考えるな。全国優勝も考えるな。今この練習に、このプレーに必要なことだけを考えろ。つまりプロセスだ。今日できること、目の前の課題だけを考えるんだ」。

人生と同じく混乱したスポーツの世界でも、プロセスは道を教えてくれる。

「よし、君は難しい問題を抱えているわけだ。ちょっとそこから目を離してみよう。そして問題を細かく分解するんだ。単純に、今すべきことだけをしてみる。きちんと丹念に。そうしたら次に移る。勝利を追うのではなく、プロセスを追うんだ」というように。

アメフトでの連続優勝をめざす道のりも、一つの道程にすぎない。ならば、その道程をいくつかに区切ればいい。大きなものを小さく分けること――それがポイントだ。一つをきちんとこなしたら、次に移り、今度はそれをまたきちんとこなすというふうに進んでいく。セイバンの言うプロセスというのは、まさにこういうものだ。現在に集中し、一度に一つのステップだけを行い、ほかのことに気を散らさない。ほかのチームやスコアボード、観衆のことなど忘れるのだ。

このプロセスのポイントは、区切りを設け、一つひとつを的確にこなしていくことだ。ゲーム、トレーニング、映画の撮影、ドライブ、レポート、遊び、それからいろいろな障害物。それが何にせよ、今日の前にある小さな作業、それをしっかりこなそう。

君が自分の持ち場で成功の高みをめざしているにせよ、それとも何かひどい試練、うんざりする試練を切り抜けている最中だとしても、同じアプローチが使える。ゴールのことは考えないでいい。生き延びることだけを考えよう。食事のたび、休憩のたび、チェックポイント、給料日、一日の終わり、そういった区切りを設ければいい。

その神髄を会得すれば、どんな困難な課題でも対処できるようになる。プロセスがあると気が楽になるものだ。おかげでパニックに陥ることもなくなる。マンモスのような巨大な課題だって、細かいパーツに分解すればいいのだ。

一九世紀のアメリカの気象学の先駆者、ジェームズ・ポラード・エスピーも若いころ、同じような幸運に出合った。一八歳になるまで読み書きのできなかったエスピーだが、あるとき、雄弁家の誉れ高いヘンリー・クレイの演説を聴く機会があった。その感動的な胸に迫る演説に、エスピーはすっかり魅せられた。クレイに近づき話しかけようとしたが、言葉が出てこない。そこで友人の一人が、代わりに大声で叫んでくれた。「こいつがクレイさんに憧れてて、あなたみたいになりたいって言うんです。字も読めないのに」と。

クレイは自分のポスターを一枚つかんだ。そこには大文字で「ＣＬＡＹ」と書いてあった。それからエスピーを見やるとこういった。「これが見えるか、君？」と、字を指し示しながら「これがＡだ。

これで残りは二五文字になった」。

エスピーはまさにこの瞬間、プロセスという贈り物をもらったのだ。一年後には大学に通うようになっていた。

話がうますぎるように感じるとは思う。でもちょっと想像してほしい。きわめて厄介な手仕事をしながら、まったく努力の跡を感じさせない名匠のことを。そこには力みも緊張もない。苦心や悩みも見られない。ただ美しく、スムーズに、一つひとつの動作を積み重ねていくだけ。プロセスを追うからこそなせる技だ。

私たちもこれにならえばいい。難しい課題が目の前にあると、つい慌ててしまうものだが、本当はそんな必要はないのだ。複雑な代数方程式を初めて目にしたときのことを覚えているだろうか？ 知らない記号がうじゃうじゃ並んでいたはずだ。でも、そこでちょっと深呼吸して、方程式を分解したのではないかと思う。個々の変数についてそれぞれ解を求めれば、おのずと答えが現れた。

君が今何か障害にぶつかっているとしたら、このやり方をすぐに試してみよう。深呼吸をして、障害を分解してみる。それから、今やるべき部分をこなす。それができたら次の部分へ移る。順番に解決した個々の部分がつながって、やがて障害を突破できる。

私たちが何か行動を起こすとき、心が乱れ、気が散ったらおしまいだ。乱れた心では目の前の大事なことに集中できず、先のことを考えて不安になってしまう。そんなときにも、プロセスは秩序を与えてくれる。心を平静にし、行動に一貫性をもたせてくれる。

分かりきったことのように思えるが、大事なときにかぎって忘れてしまうのだ。

もしも今、私が君を殴り倒し、床に押さえつけたとしたら？　たぶんパニックになって、全力で私を押しのけようとするだろう。でもそれではうまくいかない。私は上から体重をかけるだけで、苦もなく君の両肩を床に押さえつけていられるのだから。君はじたばたしているうちに疲れ切ってしまうだろう。

これではプロセスの真逆だ。

もっと簡単な方法がある。まずは、パニックに陥らず、エネルギーを温存しておくことが肝心だ。無鉄砲に行動して自ら窒息するような真似はしない。これ以上事態を悪化させないことだけに意識を集中する。それから少しずつ両腕を上げて、踏ん張り、呼吸をする余裕をつくる。それから反撃に転じ、私を押しのけにかかる。腕をつかみ、足をからめ、腰をひねって暴れ、膝に手足を差し入れて、押しのけるのだ。

時間はかかるだろうが、無事抜け出せるはずだ。一つのステップを踏むごとに、上に乗っている人は体が持ち上げられ、最後には引き離されてしまう。君は自由になった。プロセスのおかげだ。

苦境に陥るというのも、死ぬまで続く運命ではなく、ただ暫定的な状況にすぎない。計画的に小さな行動を積み重ね、一歩一歩改善していくことで、やがてそこから抜け出せる。何か超人的な力で一気に押しのけようとしても失敗するだけだ。

私たちは仕事上のライバルを負かそうと知恵を絞り、あっと言わせるような新製品を考案しようとする。でもそれは得てして的外れで、しかもその過程で、ライバルを負かすというそもそもの目的を見失ってしまう。私たちは本を書いたり映画を作ったりすることを夢見ながら、つい尻込みし、なかなか一歩を踏み出せない。やることがたくさんありすぎて、どうしたら実現にこぎつけられるのか見当もつかないのだ。

そんな夢をかなえるなんて野心的すぎるとか、理解を超えているとか思って、妥協したり適当なところで手を打ったりすることがどれほど多いことか。問題が大きすぎて、あるいは利害関係者が多すぎて、変えることは無理だと思い込んでしまうことも多い。さらにまずいのは、次から次へとアイデアが湧いてくるためにかえって動けなくなってしまう人だ。一つひとつのアイデアを全部追いかけて、結局どこにも行き着かない。あちこち気が散るばかりで一歩も前進しない。素晴らしいアイデアの持ち主ではあるのだが、実行に移すことはめったにない。だから、自分の行きたい場所、行くべき場所にはまずたどり着けない。

こうした問題はどれも解決可能だ。プロセスの中に組み込めば、あっと言う間に消えてなくなる。私たちは何でも一度にやらなければならないと思い込んでいる。その考え方を捨てよう。私たちは「A→Z」思考をしがちだ。Aのことで悩み、Zのことを心配する。そのくせ、BからYまでのことはまったく頭にない。

誰もが目標をもちたいと願っている。目標をもてば、目的意識をもって行動できるようになる。自分が何をすべきかが分かれば、次々に現れる障害がどれも小さく見え、手に負えるようになる。何をすべきかが分からなければ、一つひとつの障害が大きく見え、乗り越えがたく思えてくる。目標が明確になっていれば、途中でつまずいたり壁にぶつかったりしても、落ち着いて対処できるのだ。

目標を追いかけている途中で気が散り、ほかのことに目が行きだしたときにも、プロセスが助けてくれる。ときにボスのような声が、頭の中で聞こえてくるのだ。自分が何者で何をなすべきかを心得ている年長者に一喝されるように。「黙れ。自分の持ち場に戻るんだ。あれこれ余計なことは考えず、今やろうとしていることに意識を集中しろ。何をすべきかは分かっているはずだ。つまらんおしゃべりはやめて、仕事に取りかかれ」。

プロセスとは声だ。私たちに、責任と主体性を求める声だ。ささやかではあるが、私たちを行動へ駆り立てる力となってくれる。

冷酷なマシンになったつもりで、弱い心を少しずつ征服していこう。一歩ずつ前に進むのだ。いたずらに不安にならず、プロセスをこなしていくことに集中しよう。プロセスに頼り、すがり、身をゆだねよう。

焦らず、ゆっくり進もう。なかには難しい問題もある。そういうときは、目の前のできることから始めて、難しいものにはあとで取り組めばいい。いつかはゴールにたどり着ける。

プロセスとは、今すぐにやるべきことをやるということだ。起こるかどうかも分からない未来や、結果や、全体像などは考えなくていい。

DO YOUR JOB, DO IT RIGHT

今すぐ自分の仕事をする

何事も正しく行えば、どんなにつまらないことでも気高い行為となる。

ヘンリー・ロイス（ロールス・ロイスの創業者）

アメリカ合衆国第一七代大統領アンドリュー・ジョンソンは貧しい生まれから身を起こした人物で、政界に入る前は服の仕立屋だったことをよく自慢していた。「私が仕立てた服は、絶対に破れなかったし崩れなかった」と口癖のように言っていた。

ある日、遊説中にそれを揶揄《やゆ》する野次が飛んできた。ジョンソンが労働者階級の出身であることを騒ぎ立て、恥をかかせようとしたのだ。ジョンソンは顔色一つ変えず、こう応じた。「それがどうしたというんだ。私は仕立屋のころ、腕がいいと評判だった。ぴったりの丈の服を作り、客が指定した期日を必ず守った。いつもいい仕事をしていたんだ」。

第二〇代大統領ジェームズ・ガーフィールドも同じく家が貧しく、大学時代は自活をしていた。一八五一年、通っていた「ウエスタン・リザーブ折衷派学院（現在のハイラム大学）」に頼みこんで用務員になり、授業料を免除してもらった。ガーフィールドは毎日笑顔で仕事をこなし、恥じるそぶりなど見せなかった。毎朝塔の鐘を鳴らして授業の開始を知らせた。ガーフィールドの一日はもうとっくに始まっていたのだが。それから教室へ駆け込み、いかにもうれしそうに熱心に授業を聴いた。入学から一年とたたずに、ガーフィールドは教授になった。自分の勉強は続けながら、教壇に立って教授の仕事もしっかりこなしたのだ。二六歳の誕生日を迎えるころには学部長になっていた。

自分の仕事をすれば、きちんとこなせば、それがどんなものでも、こんな奇跡が起きるのだ。

二人とも貧しい生まれから身を起こして権力の座に登り詰めた。自分に求められた仕事を、正確にそして真の誇りをもってこなしていった結果だ。それも、誰よりも上手に。皆がやりたがらなかった仕事だからこそ、なおさらきちんとやったのだ。

私たちが向かう場所、たどり着きたい場所への道のりでは、ときに気がすすまないこともやらなければならない。何かを始めようとするとき、最初の仕事は「ほうきを持つことだ」というのは、鉄鋼王アンドリュー・カーネギーの有名な言葉だ。掃除仕事を恥じることはない。それだって、他人より成長するための、学ぶための機会なのだ。

それなのに君ときたら、将来のことばかり心配して、今与えられている課題に誇りをもっていない。何でもいい加減にやって、給料だけはもらい、いつかもっといい暮らしをすることを夢見ている。あるいは、こんなふうに自分に言い聞かせている。「これはしょせん仕事だ。本当の自分じゃない。どうでもいいことだ」と。

なんと愚かなことか。

私たちがすることに大事でないものなんてない。君がスムージーを作りながらせっせとお金を貯めていようが、将来バーを開く勉強をしていようが。あるいは、君がもうすでに求めていた成功を手に入れたのだとしても。どんなことも自分を向上させるチャンスであり、ベストを尽くすべきなのだ。自分はもう十分に成長した、今の仕事で学ぶものは何もない、なんて言うバカは自分に酔っているだけだ。

私たちは、今どこにいて、何をしていて、どこへ向かっているかにかかわらず、自分自身と、自分の技術を向上させるために、そして世界をもっとよくするために、やるべきことをきちんとやらなければならない。それが私たちの本分だ。義務だともいえる。やるべき行動を最優先するようにすれば、うぬぼれなどどこかへ消え去るだろう。

画家というのは、その生涯で実にさまざまな依頼を受け、いろいろな絵を描く。大事なのはその一つひとつに誠心誠意取り組むことだ。どの依頼が魅力的か、報酬がよいかはどうでもいい。どの仕事も重要であり、画家自身の品位を下げるような要素があるとすれば、きちんとできるはずの仕事で手を抜くことだ。

同じことは私たちにも当てはまる。私たちも人生でいろいろなことをする。名声を伴うものもあれば、わずらわしい仕事もあり、取るに足らないと思える仕事もある。どんな仕事に取り組むにせよ、次の三つを忘れてはいけない。

- 熱心さ
- 誠実さ
- 他者に尽くそうという気持ち

それから、「でも、自分が今すべきことは何だろう？」などと自問することはあってはならない。答えは自分で分かっているはずだ。そう、「君の仕事」だ。

誰かが見てくれているか、しかるべき報酬を受け取っているか、事業が成功に終わるか――そんなことはどうでもいい。どんなときでも、先に挙げた三つを心がけて行動することはできるし、絶対にそうするべきだ。どんな障害に遭遇したとしても忘れないでいてほしい。

実際、どんな障害にぶつかったとしても、私たちが自分の義務を果たせなくなるようなことは絶対にない。厳しい試練もあれば、ささいな試練もあるが、どんなときでも自分の義務を果たすことはできるのだ。どんな課題にもベストを尽くさなければならない。仮に会社が破産して、怒った客に対応しなければならないとしても、わずかな金をかき集めてここからどうやって身を起こしていくか決断しなければならないとしても、ベストを尽くせば自分の選択に誇りがもて、正しい選択だったと確信できるだろう。それがどうであれ、自分の本分をきちんと果たしたのだから。

「はい、はい、分かりましたよ」なんて思っていないか？　確かに「義務」というと重苦しくてうんざりするかもしれない。気にしないでいい、君にはしたいことを自由にする権利がある。

ただ、務めを果たすということは美しいものだ。やる気も出るし、力も湧いてくる。

スティーブ・ジョブズは自分が手がける製品の内側までこだわった。ユーザーの目に触れないところでも、美しく設計しないと気がすまなかったのだ。養父はその昔、飾り戸棚を作った際、壁で隠れてしまう戸棚の裏の部分まで手を抜かなかったという。その養父に手ほどきを受けたジョブズ自身も、職人のような考え方の持ち主だった。製品のデザインで苦しい局面に立たされたときも、ジョブズにはこんな進撃命令が聞こえていた。「工芸品として尊重しろ、美しく作るんだ」。

もちろん状況は人それぞれだ。私たちは次世代のｉＰａｄやｉＰｈｏｎｅを開発しているわけではないが、それでもやはり、誰かのために何かをつくっている。たとえそれが、自分のレジュメにすぎないとしても。どんなことでも、特に誰も見ない仕事や、誰もが避け、逃げたがる仕事であればなおのこと、ジョブズのように誇りをもって熱心に取り組もうではないか。

精神科医で心理学者のヴィクトール・フランクルはナチスの強制収容所に三度も収容されながら生き延びた。その体験を通じて、「人生の意味は何か？」というおなじみの問いに一種の厚かましさを感じるようになった。それではまるで、どこかに正解があって、ほかの人が答えてくれるのを待っているようではないか。そこでフランクルはこんなふうに言い換えた。世界が自分にその問いを突きつけてくるのだと。そして、行動することでそれに答えるのが自分の務めなのだと。

どんな状況でも人生は私たちに問いかけてくる。私たちは行動によってそれに答えるわけだ。私たちの務めはただ、きちんとそれに答えることである。

利己的にならず、ひたむきに、手際よく、クリエイティブに行動すること――それこそが正しい行動であり、先の問いへの答えとなる。生きる意味を知る方法の一つでもある。そして、どんな障害もチャンスに変えるための方法でもある。

もし君が、こうしたことを負担に感じるのなら、何か思い違いをしている。

結局、私たちがなすべきことというのは、先に挙げた三つの務め――熱心に取り組む、誠実になる、他者のため／自分自身のために働く――しかないのだから。私たちに求められているのはそれだけだ。ほかには何もない。

もちろんゴールは大切だ。ただ、そこに至るまでの個々の場面もみな大切なのだ。その一つひとつが全体のスナップショットなのだから。全体像はぼんやりしていても、個々の場面ははっきり映っている。

ある一つのことをどのようにやるかということは、全体に通じるのだ。

私たちはいつでも、正しく行動することができる。

WHAT'S RIGHT IS WHAT WORKS

正しいことはうまくいく

キュウリが苦い？　投げ捨てよ。
道にいばらがある？　迂回せよ。
それだけ知っていれば十分だ。

マルクス・アウレリウス

一九一五年、南米のジャングルの奥深くで、アメリカのフルーツ会社二社の主導権争いが頂点に達していた。どちらも同じ五〇〇〇エーカーの肥沃な土地を手に入れようと必死だった。問題は、その農園の所有権を主張する現地人が二人いたことだ。ホンジュラスとグアテマラにまたがる無人地帯なので、両社ともどちらが正当な所有者なのか判断がつかず、土地の購入に二の足を踏んでいた。

この問題への対応の仕方に、両者の組織風土がよく現れている。一方は巨大で強力、他方はずるくて抜け目がなかった。前者はアメリカでも有数の大企業ユナイテッド・フルーツ。後者はサミュエル・ザムライという男が所有するちっぽけな新興企業。

問題を解決するためユナイテッド・フルーツは、やり手の弁護士チームを送り込んだ。弁護士チームは現地に着くと、片っ端から書類や紙切れを調べ始めた。ユナイテッド・フルーツは勝つためならいくらでも金を出す用意があった。金、時間、人材は豊富にあった。

ちっぽけで無学なザムライに当然勝ち目はなかった。同じ土俵で戦うことは到底無理だから、ほかの方法をとった。機転を利かせて、柔軟かつ大胆な行動に出た。所有者とおぼしき二人と別々に会って、それぞれから土地を購入したのだ。もちろん払う金額は倍になったが、勝負はついた。土地はザムライのものになったのだ。ルールブックは忘れて、問題を片付けよう！

これこそ実利主義の表れだ。「正しい」やり方なんて気にしなくていい。私たちはついそうしてしまうのだが。

ザムライはいつもこんなふうに問題に対処した。あるとき川に橋を架けようとしたら、許可が下りなかった。ライバル企業からわいろをもらった政府の役人が、それは違法だと言ってきたのだ。そこでザムライは一策を講じた。まずはエンジニアたちに命じて長い桟橋を二本作らせた。そして川の中央までぐいっと伸びる二本の桟橋をつなぐように、組立式の浮桟橋《うきさんばし》を置くことにした。浮桟橋はものの数時間で組み立てて設置することができた。川の両岸には鉄道が敷かれ、それぞれ反対方向に走っていた。これを見たユナイテッド・フルーツが抗議してくると、ザムライはにっこり笑ってこう言った。「何をおっしゃいます、あれは橋じゃありません。古ぼけた埠頭が二つあるだけじゃないですか」。

ときにはこんな手やあんな手も試してみよう。学校で教わったやり方をそのまま使うのではなく、状況に合わせて変えていくのだ。うまくいく手を探す、それがモットーだ。

私たちはつい、普通はこうするはずとか、ルールにはこう書いてあるとか、そんなことばかり考えてしまう。何でも完璧にやろうとしてしまうのだ。そして、条件が整い大丈夫だと思えたら始めよう、と自分に言い聞かせる。でも本当は、なすべき課題に意識を集中させるほうがいい。正しい方法ではなく結果に目を向けるのだ。

ブラジリアン柔術の世界でよくいわれるように、どうやって相手を床に倒すかは問題ではない、とにかく倒しさえすればいいのだ。

ザムライが決して見失わなかったもの、それは自分の務めだった。この場合は、バナナを川の対岸へ運ぶことだ。橋を架けようが、二本の桟橋の間に浮桟橋を置こうが、荷物を目的地まで運べるのなら構わない。バナナをどこかの農園で栽培しようと思ったとき、土地の正当な所有者が見つからなくても構わない。自分が正当な所有者になってしまえばいいのだ。

君にも何か目標があるだろう。そして、それを成し遂げようとして、理想の状態と現実の状態（決まって悲惨に思える）とのギャップに苦しんでいるはずだ。さて、君はどこまで行きたい？　どこまでやる覚悟があるだろうか？

まずは不平を言うのをやめよう。御託を並べるのもよそう。無力感や不安にとらわれてもいけない。家に帰ってママになぐさめてもらうわけにはいかないのだから。どうやってその問題を解決するか？　邪魔なルールを迂回する手は？

ひょっとしたら、君ももう少し抜け目なくずる賢くなったほうがいいかもしれない。ときには時代遅れの規則を無視することも必要かもしれない。あるいは、すぐ上司に許可を求めず（どうせダメだと言われるから）、あとで許しを請うほうがいいかもしれない。ともかく大事な目標を抱えているなら大事なことはただ一つ、それを成し遂げることだ。

世界的に有名なアメリカの小説家リチャード・ライトも二一歳のときにはまだ無名の若者だった。ライトは貧しい生まれの黒人だったが、読み書きを覚えようと決意し、周囲からなんと言われても聞かなかった。さてライトはどうしただろうか。まさか図書館を襲撃してひと騒ぎ起こしたとか？　奴隷制時代の南部ではあるまいし、そこまではしなかった。代わりに、こんな偽のメモを作ってカウンターの女性に渡した。「この黒ん坊《ニガー》の少年に、H・L・メンケンの本を何冊か持たせてくださいませんか」（黒人が自分自身についてニガーなんて言うはずがないからだ）。そして、盗んだ図書館カードで貸出手続きを済ませた。誰かにお使いを頼まれたふりをして。

このように危険は大きくても、ルールをねじ曲げ、いちかばちか無茶をやらかす価値はある。親指を鼻に当ててほかの指は広げ、権威をばかにしてやれ。「えっ、それは橋じゃありませんよ。何のことかさっぱり分かりません」。場合によっては、君の邪魔をする人たちに向かって中指を突き立て、意地悪でむかつくルールを正面から突破しよう。

プラグマティズム（実利主義）というのは、現実的になるというよりは柔軟になるというほうが近い。ある地点から別の地点へ行く経路はたくさんある。まっすぐに進む必要はない。要するに目的地へ着けばいいのだ。それなのに、私たちは完璧な解決策を追い求めるあまり、すぐ目の前にあるチャンスを見逃してしまう。

中国の鄧小平はかつてこう言った。「猫は黒でも白でもいい。ネズミを捕ってくれるなら」。ストア派哲学にも同じような戒めの言葉がある。「『プラトンの国家』を追い求めるな」。

プラトンが説いたような理想の状態は絶対に訪れないからだ。それよりも、自分のなすべきことに全力を注ごう。とはいえ、プラグマティズムは根っから理想主義と相容れないわけではなく、ひたすら前に進むための道具であるわけでもない。たとえば、初代ｉＰｈｏｎｅは衝撃的だったが、当初のモデルではコピー&ペースト機能をはじめ、アップルがつけたかった機能がいくつか抜け落ちていた。完璧主義で知られるジョブズにも、どこかで手を打たねばならないことは分かっていた。大事なのはそれが仕上がり、うまく動くことだ。

過激なプラグマティストのように行動しよう。あくまで野心的に、積極的に、理想を追い求めながらも実利主義に徹し、実現可能かどうかを指針とする。もちろん欲しいものを全部手に入れろとか、今この瞬間に世界を変えようとかは言わない。でも必要なものは全部手に入れてやるという気概をもとう。小さく考えてはいけない。ただし、一番大事なことと余分なこととははっきり区別しよう。

完璧をめざすのではなく、前進することを考えるのだ。

そうすれば自然と障害は消え失せる。当たり前だ。障害を迂回するか、問題のないものにしてしまうのだから。行く手を阻むものは存在しなくなるのだ。

IN PRAISE OF THE FLANK ATTACK

側面から攻める

不測の事態を見越していない者は
何も見ていないのと同じ。
行き着く先は
袋小路だ。

ヘラクレイトス

アメリカ合衆国初代大統領ジョージ・ワシントンといえば、勇猛果敢な将軍であり、あらゆるものを圧倒し、当時の支配者だった暴君イギリスを追い出したというのが一般的なイメージだ。もちろん、実際はそこまで華々しくはなかった。ワシントンは正確にはゲリラではなかったが、ゲリラと呼んでもいいほどだった。しかも抜け目ない策略家で、何かというと戦闘を避けようとした。

ワシントン配下の軍は小さく、訓練も装備も足りずもろかった。ワシントンは戦争では防御を基本とし、大編成のイギリス軍部隊との正面衝突は避けた。要するにワシントンの戦略とは、格上の強大な敵に対するヒット・エンド・ランだった。一刺ししては逃げる、を繰り返すのだ。

あからさまな攻撃はするな、とワシントンは部下に言っていた。敵が待ち受けているところを攻撃してはいけないということだ。反対に、「危険がほとんどないと判断できるところ、敵が予想していないところを襲えば、一番成功しやすい」。そうすれば取るに足らない小競り合いでも大きな勝利のように感じるし、周りからもそう見てもらえるということを見抜いていたのだ。

ワシントンにとって最も華々しい「勝利」は、イギリス軍と直接戦ったものではない。クリスマスの明け方、必要に迫られデラウェア川を渡ってドイツ人傭兵部隊の寝込みを襲ったのだ。傭兵たちは酒を飲んでいたともいわれている。

ワシントンは実際、前進するよりも退却するほうが得意だった。戦って負けていれば失われていたはずの兵士の命を救うことに長けていた。ワシントンはまた、めったに罠にかからなかった。常に逃げ道を用意していたのだ。ひたすら敵を疲れさせ消耗させるために逃げまくる。この戦略は、あまり見栄えがいいとはいえないが、強力な武器となった。

こうした事情を考えると、大陸軍総司令官を務め、アメリカ合衆国初代大統領にもなったこの男の人生が、多少脚色され誇張されたとしても不思議はない。それにそうした脚色の例というのは、ワシントンのケースにかぎらないのだ。映画や小説、さらには人々の無知によって広まり、神話化された歴史によれば、戦争というものは二つの巨大な軍が正面からぶつかり合い、勝敗を決することになっている。実に劇的で勇敢な話だが、とんでもない間違いなのだ。

イギリスの戦略研究家で軍事史家でもあるリデル・ハートは、古今東西のさまざまな戦争を三〇例ほど研究した結果、驚くべき結論に達した。対象の戦争で行われた作戦行動二八〇件のうち、敵の主力部隊を直接攻撃して決定的な勝利を収めた事例は六件しかなかったのだ。

たった六件だ。つまり二パーセントである。

両軍の直接対決によらないのなら、どこで勝敗がついたのだろう？

その他全部だ。側面から攻撃する。予想外の事態が起きる。心理的な要因が作用する。敵を防御から誘い出す。従来にない作戦を展開する。それとも……。

ハートは名著『戦略論』でこう述べている。

「名将というのは、危険この上ない間接的アプローチでもとるものである。必要とあらば兵力の一部だけを連れて、山や砂漠や沼地を越える。後方部隊との連絡が断たれても構わない。直接的アプローチのせいで膠着状態に陥るリスクを冒すくらいなら、どんな不利な条件でも受け入れるだろう」

こんな経験がないだろうか。進退きわまって、がむしゃらに精一杯やっていると、周りから「頭に血が上ってんじゃないの?」と言われてしまう……。

そんなときはちょっと後ろに退いて、問題を遠くから眺めてみよう。何かてこに使えるものはないか。「一番ありそうもないところを攻める」という考え方が有効だ。

何か困難にぶつかったとき、君は直感的にどんな反応をするだろうか? 競争相手よりも多額の支出をしようとする? 相手と議論して、長年の持論を変えさせようとする? 正面ドアから無理やり突破をはかる? 後ろや横のドア、それに窓は大きく開いているかもしれないのに?

なんにせよ、相手を物理的、論理的に打ち負かそうという心づもりなら相当難しいだろう(不可能と言ってもいい)。それよりも、グラント将軍のやり方を思い出そう。将軍は、ビックスバーグを攻略するには正面攻撃を仕掛けるより、いったん迂回して側面から攻めたほうがいいことに気づいた。あるいはアメリカ・バスケットボール界の伝説のコーチ、フィル・ジャクソンが用いた「トライアングルオフェンス」を思い出そう。このシステムは、自分のチームの側から攻撃を仕掛けるというよりは、敵からボールをとられないようにぐるぐる回していくようにできている。

ゲームが始まって、すでに敵のプレーヤーがすっかり防御態勢を整えているなら、相手を力で打ち負かすことは厳しい。ならばいっそそのこと戦いを挑まず、限られた資源をほかに振り向けたほうが得策だ。

名人といわれる人々が、しばしばある種の技を苦もなくこなすように見えるのは、そのプロセスをマスターしているというだけでなく、素人よりも力の抜きどころを心得ているからだ。名人が力を入れるのは、ここぞというところに限る。やたらに何にでも全力でかかるなどという愚は犯さない。

嘉納治五郎は講道館柔道の創始者であり、身長一五〇センチほどの小兵だったが、あるとき嘉納と対戦した相手が試合後にこう漏らした。「嘉納と戦っていると、まるでからっぽの上着と戦っているみたいだ」と。

君もそうなればいい。

数で負ける、後れをとる、資金が足りない。そんなことで不利にはならない。ラッキーだと思えばいい。おかげで、正面から突っ込んで自滅する愚を避けることができるのだ。おまけにそういう状況では嫌でもクリエイティブになり、回避策を探すようになり、くだらないエゴは消える。そして敵の得意分野を避けて勝つ道はないかと工夫するようになる。不利な状況のおかげで、斜めから取り組んだほうがいいことに気づけるのだ。

実際、規模や力の点で優位に立つことは諸刃の剣であり、致命的な弱点を生むもとでもある。成功の上にあぐらをかいていると、真に優れた技術を身につけるのは難しくなる。規模で勝る集団や会社というのは、その規模にものを言わせていられるかぎりは、そうした技術を習得する必要がないのだ。

だが、いつまでもうまくいくわけではない。ある日君が現れ、巧みな作戦によって側面から素早く攻撃を仕掛ける。正面からの戦いに慣れきった連中は、慌てふためくはずだ。

私たちが仕掛けているのは、小さいものが大きいものを倒すゲームだ。だから、力で力に対抗しようとしてはいけない。

もちろん、押されたら押し返そうとするのが自然の本能だ。でも武術が教えてくれるように、この衝動に流されてはいけない。無理やり押し返そうとしてもうまくいかない。むしろ身を引いて、相手がバランスを失うようにもっていく。そうなれば、今度はこちらから行動する番だ。

横から攻める技には創意工夫の余地が大いにある。これが役立つ場は戦争やビジネス、営業などにかぎらない。

デンマークの偉大な哲学者セーレン・キルケゴールは、権威者の立場から直接、人々を説得するような真似はほとんどしなかった。説教をする代わりに、「間接的伝達」という手法をとった。つまり偽名で執筆し、架空の人物たちによってそれぞれ異なる立場や視点を表現した。そうやって一つのテーマをさまざまな角度から何度も語り、感情的に、また劇的に、自己の主張を伝えようとした。キルケゴールが読者に直接、「こうしろ」とか「こう考えろ」とか指示することはめったになかった。それよりも、世界の新しい見方や理解の仕方を示そうとした。

人々が長年当たり前だと思い込んでいることに異議を唱え、自分の意見を受け入れさせようとしても、たいていうまくいかない。まずは意見が一致する点を見つけ、そこから地道に取り組むしかない。あるいは、相手が耳を傾けてくれそうな奇抜なアイデアを探すのもいい。もしくは、優れた代案を示して周囲の支持を集めることによって、相手が自分から折れてくるように仕向けるのもいい。

うまくいく方法がいつも立派に見えるとはかぎらない。ときには自分は近道をしているとか、ズルをしているという気になることもある。誰かと一進一退の攻防を続け、自分に有利な策だけを延々と続けていると、なんだかいかさまをしているような気になってくる。だが罪悪感を抱いて自分をむち打つ必要はない。別に悪いことをしているわけではないのだから。

プロの戦術家のように振るまおう。個人的な感情に流されて戦いを始め、勝利を祈るなんてもってのほかだ。エゴやプライドに駆られて戦っても、エネルギーを無駄にするだけである。戦術上の利点があるのかを常に確かめよう。

とはいえ、これは口で言うほど簡単ではない。でもだからこそ効果があるのだ。

ときには回り道が一番の近道になるのだということを、よく覚えておこう。

USE OBSTACLES AGAINST THEMSELVES

障害を逆手にとる

賢い人というのは、敵意でさえも見事に利用してしまう。

プルタルコス（古代ギリシャの哲学者）

ガンジーはインド独立の闘士であるが、自分から攻めたわけではない。支配者たるイギリス帝国が独り相撲をとり、自滅したのだ。

もちろんそれはガンジーの戦術だった。ガンジーは大規模な非暴力不服従運動を通して、「行動」にはさまざまな定義があることを示した。前に動くにしろ、斜めに動くにしろ、自分から動くことばかりが行動ではない。どんな立場をとるか、そもそも立ち向かうかどうかを決めることも行動のうちなのだ。

ときには、自分から攻めるのではなく、あえて退却して相手に攻めさせることで障害を突破するという手もある。自分からは行動せず、敵の行動を利用して自滅に追い込む作戦だ。

現状を変えるだけの力が自分にないことを悟ったガンジーは、むしろその弱さを武器にし、誇張して、自分をさらけ出した。当時、世界最強といわれたイギリス帝国軍に向かってこう言い放ったのだ。「私はあなた方の法律を堂々と破って、インド人が生産することを禁じられている塩を集めに海まで行進します」と。そうやって塩の専売制度を設け、搾取を続けるイギリス側を挑発した――「さあどうしますか。何もいけないことはしていませんよ」。そうすればイギリス当局をジレンマに追いつめられると分かっていた。筋の通らない政策を強行し続けるか、それとも支配者として取り締まる役目を放棄するか。この文脈に置かれては、強大な軍事力も無力だ。それを行使すること自体が逆効果となってしまうのだから。

ガンジーの遺志を継いだマーティン・ルーサー・キング牧師も支持者に向かって「物理的な力には魂の力で」対抗しようと呼びかけた。要は敵の力を利用するということだ。暴力を前にしても心を平静に保ち、憎しみには愛で応える。それによって、暴力や憎しみといったものが許しがたい悪であることを暴くのである。

前に進むばかりが行動ではない。ときには行動しないことが行動となる。そうすれば相手の力をうまく利用し吸収して、自分の力に変えてしまえる。相手に――つまり行く手を阻む障害に――自分のために働いてもらうのだ。

ロシア人に聞いてみればいい。ロシア人はナポレオンもナチス・ドイツも負かしたのだ。自国の国境を固く守るのではなく、あえて国内に退却し、敵を引き入れた。やがて冬が訪れ、敵は遠い異国の地で慣れない寒さと雪に苦しんだ。

これも行動といえるだろうか？　もちろんだ。

ひょっとしたら、君の前に立ちはだかる敵や障害は、本当に克服しがたいものかもしれない。そうした例はたくさんある。でももしかしたら、単に君に消耗戦を戦い抜く力（忍耐力）がないだけ、あるいは必要なことを学ぼうとする意欲（反復）が足りないだけかもしれない。それなら、あきらめるにはまだまだ早い。

とはいえ、どれだけ頑張っても乗り越えるのは難しいと認めざるを得ない状況もある。そんなときは、敵の力を逆手にとることも考えないといけない。

蒸気動力が発明される前、ミシシッピ川を渡る船の船長は皆、そのいまいましい激流に負けないように独創的な工夫をしていた。

上流に向かう船が、下流をめざす船に横づけし、ロープを岸辺の木や岩にくくりつけたら、両方の船を互いに縛りつける。下流へ行く船のロープをほどくと、川の流れで自然に下流へ向かいだす。その反動で、反対の船が上流へ押し出されるというわけだ。

このように、障害物と戦うのではなく、障害物のほうから自滅するような手段を見つけるといい。アレキサンダー大王がまさにそれをやってのけたのは有名な話だ。障害物を自滅にもっていく手腕の鮮やかさは、見ている者に、この若者がいつか世界を治める日が来るかもしれないと感じさせた。青年アレキサンダーは、父であるマケドニア王フィリッポス二世でさえ乗りこなせなかった暴れ馬ブケパロスを見事に手なずけた。どうやって？　単に疲れさせたのだ。ほかの者は皆、力ずくでムチやロープを使っていなそうとしたが、すぐに振り落とされてしまった。だがアレキサンダーは静かに馬にまたがり、落ち着くまでただひたすらしがみついていた。へとへとに疲れ果てた馬には、抵抗する気力は残っておらず、もう主人の言うことを聞く以外なかった。アレキサンダーはその後二〇年にわたり、この忠実な愛馬を駆って戦場に臨んだ。

では、君の場合はどうだろう？

アメリア・イアハートにならって、とにかく行動を起こす必要があるときもある。でも、「自制する」ことが最善の行動となる場面もあるのだ。人生では我慢が必要なときもある。一時の障害がひとりでに消えるのを待てばいい。すぐに大騒ぎせず、頭の中で対立しあう二つのエゴに口論させておけば、自然と頭が整理されてくる。また問題によっては、自分自身もまたなるべくほかの人々も介在させず、物事の流れに任せておくほうがうまくいくこともある。

あまり一つのことを強く求めすぎると、自分自身が最大の敵となってしまう。何かにたとえるなら、熱心になるあまり回そうとしているねじの山をつぶしてしまい、入らなくなってしまうようなものだ。あるいは、車のタイヤが雪や泥の中で空回りし、必死に抜け出そうと回せば回すほど深くはまり込んでしまうようなもの。もう二度と出られない。

私たちは前に進もうと躍起になるあまり、目的地に着く方法はほかにもあることを忘れてしまう。ときにはいったん足を止め、場合によっては後退さえすることが最良の策となるのだが、実際にはなかなかそうは思えない。そんなときはただ何もせず、立ち止まっていればいい。

私たちは押しに押しまくって賃上げを要求したり、新規顧客を獲得しようとしたり、困った事態を未然に防ごうとしたりする。でも目的をかなえる一番の方法は、そもそもの望みを見直すことだったりする。あるいは、何かまったく別のものをめざすことにしたり、障害にぶつかったことを機に方向転換をはかったりするのもいい。その結果、何か新しいビジネスを立ち上げることになり、それまでと一転して十分な収入が得られるようになるかもしれない。あるいは顧客のことを考えなくなったら、かえって顧客が増えたというケースもある。つまり顧客というものは、自分たちとの取引をそれほど熱心に望まない相手とでも取引したがるものなのだ。あるいは、恐れている最悪の事態について周囲を巻き込んで見直し、万一起きても困らないような方法を考えておこう。

私たちは皆、何かを成し遂げ勝利を収めるには前進するしかないと思い込んでいる。でも現在の場所にとどまったり、横道にそれたり、後ろに戻ったりすることが、障害の打破に一番有効ということもあるのだ。

このアプローチをとるにはいくらか謙虚さも必要だ。当初思っていたやり方ではうまくいかないことを認めることになるからだ。とはいえ、伝統的なやり方では目的を達せられないというだけのこと。どうってことはない。

大事なのは、どんなアプローチでもいいから目的地に着くことである。ここではっきりさせておきたい。障害の力を逆手にとるという戦術は、何もしないのとはまったく異なる。消極的抵抗というのは、世間で思われているよりずっと行動的なのだ。ただしそれを成功させるためには、自己を律し、自制を働かせ、恐怖心を捨て、決然とした態度で、壮大な戦略を立てねばならない。

アメリカの住民組織化運動の草分けであるソウル・アリンスキーは偉大な戦略家でもあった。アリンスキーはこんな信念を抱いていた。「ネガティブな状況でも、懸命に、深く深く取り組んでいけば、やがて反対側に突き抜ける」。ポジティブな状況にも必ずネガティブな面はある。逆も同じだ。行動とは道を切り開いて、反対側まで突き抜けることだ。それによって、ネガティブな状況をポジティブなものに変えていける。

これは大きな励みになるはずだ。大きすぎて対抗できない障害などほとんどないということだから。その大きさが敵の弱点になるかもしれない。その大きさを利用して、障害を自滅させられるかもしれない。覚えておこう。城というのは、恐ろしい難攻不落の砦にも見えるが、見方を変えれば、周囲を包囲された牢屋でもあるのだ。そんな転換を遂げるためには、行動とアプローチの仕方を変えるだけでいい。

行く手を阻む邪魔者をうまく利用して、私たちの代わりに困難な仕事をやってもらおう。状況を変えようと躍起にならず、放っておくほうがいいときもある。

アレキサンダーの馬が懸命に走れば走るほど、体力は尽きていった。非暴力運動に対する警察の対応が残忍になるほど、人々の同情は高まっていった。うまく戦えば、物事はどんどん楽に進む。ただがむしゃらに戦うだけでは、疲れがたまる一方で、成果は遠のくばかりだ。

私たちの抱える問題についても、同じことがいえる。

CHANNEL YOUR ENERGY

エネルギーを向ける先を変える

避けようのない事情により取り乱してしまったときは、すぐに自分の内に立ち返り、必要以上に度を失わないようにせよ。絶えず調和のとれた状態に戻ることによって、一層調和をわがものにすることができる。

マルクス・アウレリウス

黒人テニスプレーヤーのアーサー・アッシュはまさにポーカーフェイスの見本だった。一九五〇年代、六〇年代の人種差別を生き抜くために、父親から、コートでは感情を押し隠すように教わっていた。終始表情を変えず、ショットをミスしてもうろたえず、誤審にも異議を唱えなかった。はっきりしているのは、黒人選手であるアッシュが腕を見せつけたり、大喜びしたりすることは許されなかったということだ。頑張りすぎていると見られるのもいけなかったのだ。

でもフォームやプレースタイルについてはまったく話が別だった。アッシュは抑えねばならないエネルギーや感情をすべてプレーに回し、大胆で優雅なフォームをつくりあげた。表情は抑えていても、体は生き生きとしていた。流れるように美しくコート中を駆け回った。そのスタイルは、アッシュ自身が考えた次のフレーズによく表れている。「体は楽に、心は引き締める」。

この組み合わせのおかげで、アッシュはゲームでほぼ負けなしだった。アッシュは一人の人間としては感情を抑えつつ、選手としては勇猛で大胆かつ冷静だった。果敢にボールに飛びつき、相手選手が息をのむようなショットを返した。こんなことができたのも、アッシュが自由だったからだ。一番大事な、内面の自由だけは侵されなかったのである。

ほかの選手は自由に喜びを表せたし、審判や対戦相手に対して毒づいたりしかめっ面をしたりするのも自由だった。だが、ここ一番の大勝負で、アッシュのように泰然としていることはできなかった。アッシュはよく、非人間的で感情がないと誤解された。感情のはけ口が必要なのは確かだが、アッシュの場合は抑え込んだ感情をエネルギーに変え、爆発的なスピードでボールに飛びつき、見事なリターンやスマッシュを決めた。その奔放で思い切りのよいプレーは、アッシュが演じていた落ち着いた態度とは別人だった。

逆境によって人は鍛えられる。力を抜いて楽に構えようという気になれれば、もっと強くなれるのだ。

逆境を逆境とは呼ばず、自分のチャンスにしてしまおう、アッシュがしたように。そして、ほかの黒人スポーツ選手もしたように。黒人ボクサーのジョー・ルイスを例に挙げると、人種差別的な白人ファンは黒人ボクサーが感情をあらわにするのを許さないことが、ルイスには分かっていた。だからルイスは、あらゆる感情を鋼のような仮面の下にしまい込んだ。「リングのロボット」と呼ばれたルイスは、その非人間的と思える威容によって対戦相手を怖じ気づかせた。ルイスは逆境を利用して、思いがけない財産を手に入れたのだ。

私たちは皆それぞれ何らかの制約を抱え、苦しんでいる。従わなければならないルールや社会規範がたくさんあるのだ。できれば従いたくはないのだが、ドレスコードや礼儀作法、手順、法的義務、会社のヒエラルキーといったものに振るまい方を縛られている。あまり考えすぎると、うんざりして息苦しくなる。注意しないと自分のゲームができなくなってしまう。

我慢して不満をためるくらいなら、こうした制約を逆に利用してしまえばいい。制約があるほど、力が出るものなのだ。私たちはつい制約に従ってしまうが、本当は図太いくらいに自由な心でいるほうが本領を発揮できるし、よい結果も出る。ほかの人がルールを守るのに四苦八苦している横で、私たちは心の中でルールに舌を出し、自分のために利用してしまおう。ダムに貯留された水を想像すればいい。人が作った障害にせき止められても、ただじっとしているわけではない。エネルギーをためて、発電所の燃料とし、やがて町全体に電気を行き渡らせるのだ。

ハイチ独立運動の指導者トゥーサン・ルーヴェルチュールは、奴隷から身を起こして将軍になった人物だ。フランス軍をさんざん苦しめ、敵に「奴はどこでも突破口を見つける」と言わしめた。神出鬼没で誰も抑えられなかった。実際にルーヴェルチュールという姓は、フランス語で「突破口」を意味している。なるほどと思う。ルーヴェルチュールの人生は、どこを向いても障害だらけだったのだ。ルーヴェルチュールは障害に出合うとなんとか突破口を見つけようとした。その障害が軍であろうと政治であろうと、険しい山であろうと、はたまたナポレオンであろうと……。それらにいったい何の違いがあるだろう?

それなのに私たちときたら、パワーポイントのプロジェクターが動かないだけで取り乱す始末だ(プロジェクターを脇に置いて資料なしで面白い話をすればいいのに)。そして、同僚のうわさ話に花を咲かせてばかり(その時間に何か生産的なことをキーボードに打ち込めばいいのに)。これでは行動しているというより、感情に流されているだけだ。

スポーツ選手が驚くほど好調なとき、どんな状態かを思い浮かべてみよう。乗り越えがたく思える障害を難なく飛び越えていないだろうか。とてつもない得点差をひっくり返し、パスやショットをことごとく決め、疲労など吹き飛ばしてしまう。こうした選手は一つや二つ行動を阻まれることはあっても、目標自体を阻まれることはない。外部の要因に邪魔をされても、進む方向は変わらない。前へ進み続けるのだ。

これほどまでに優雅で、流麗で、力強いプレーヤーが、人生で何か逆境にぶつかったからといって屈してしまうわけがあろうか？

体も心もゆるめるのは誰でもできるが、それは無謀というものだ（私たちが求めているのは正しい行動であって、行動にピリオドを打つことではない）。では、心も体もきつく締めたら？　それでは不安が募るだけだ。それもうまくいかないし、どこかでポキッと折れてしまう。でも体は力を抜きつつ、心は自制を働かせたら？　ものすごい力が出るだろう。

その技を身につければ、対戦相手やライバルはさぞ頭にくるだろう。相手からすれば、遊んでいるようにしか見えないからだ。実に腹立たしい。頑張るそぶりも見せないのだ。それどころか、外部のストレスも目標への道を阻む制約も、自分には関係ない、勝負なんてどうでもいいみたいにさえ見える。

私たちもそんなふうになれるだろうか？　もちろん、なれる。

SEIZE THE OFFENSIVE

攻撃のチャンスをつかむ

偉大な人物とは、チャンスを待つのではなく、つかみにいくものだ。チャンスを包囲し、征服し、従僕にしてしまう。

E・H・チェイピン（アメリカの牧師で著述家）

二〇〇八年春、大統領選を戦っていたバラク・オバマに黄信号がともった。オバマが長年師と仰いでいたジェレマイア・ライト牧師が、人種問題に関して扇動的な発言を行いスキャンダルになったのだ。予備選挙の大事な局面で、ようやくできかけていた黒人支持者と白人支持者とのかすかな結束がほどけ、陣営がばらばらになる恐れがあった。

人種、宗教、人口構成……あらゆる論争が吹き出していた。これは、選挙運動の息の根を止めるたぐいの惨事だった。たいていの候補者が恐怖にすくみ上がり、ぐずぐずと対策を先送りするところだ。隠れたり、無視したり、ごまかしたり、距離を置いたりするのがまあ普通だろう。

オバマの政治をどう見るかは人それぞれだが、このあとの展開だけは誰にも否定できまい。オバマは選挙戦で最悪の局面から、なんと攻めに打って出たのだ。

どんなアドバイスも慣例も無視して、オバマは行動を起こすことに決めた。この苦境は「学ぶ機会」であると判断したのだ。論争に集まっている衆目とその熱気を利用して、国を分裂させている人種問題について国民に直接語りかけることにした。

「もっと完璧な連邦」という名で知られるこの演説は、まさに転換点となった。オバマはそこで、この問題から逃げずに正面からぶつかっていった。おかげで、致命傷になりかねなかった論争を鎮静化するだけでなく、選挙戦で優位に立つことまでできた。絶望的な苦境をパワーに変えて息を吹き返したオバマ陣営は、そのままホワイトハウスへ突き進んだ。

もし君が、人生で巡ってくるチャンスをつかみさえすればいいと思っているのなら、それだけでは偉大な人物にはなれないと言っておこう。チャンスをつかむだけなら、勘のいい人なら誰でもできる。君に必要なのは、誰もが逆境だと感じているまさにそのときに、前に突き進むための方法だ。

最悪の状況のなか、誰も予想していないところで素早く行動し、予想外の勝利をもぎとる。皆が悲嘆に暮れているときにも、その輪に加わらない。周りとは違う目で状況を見て行動するのだ。

政治の常識など無視して、オバマがかつて補佐官のラーム・エマニュエルから受けたアドバイスに耳を傾けよう。「重大な危機を危機のまま終わらせ、無駄にしたい人なんていません。ずっと先延ばしにしていたこと、積年の課題に今こそ取り組む必要があります。危機というのは、それまでできなかったことをするチャンスなのです」。

歴史を振り返ると、寝耳に水の悲惨な事態に直面して、こんなときでなければできそうもない大改革を遂行した指導者は少なくない。この知恵は私たちの生活にも応用できるはずだ。

誰もがいつも何かやりたいことをもっている。映画のシナリオを書く。旅行をする。起業をする。良い指導者《メンター》になってくれそうな憧れの人物に会いに行く。何か社会運動を始める。

そのとき、問題が持ち上がる。失敗、事故、惨事……何かひどいことが。このチャンスを利用しよう。

ひょっとしたら君は今、病院のベッドの上でこれを読んでいるかもしれない。だったら書く時間がたっぷりあるはずだ。心の中ではいろいろな思いが渦巻き、悲しみにうちひしがれそうになっているかもしれない。なら、それを言葉にしてみよう。もし君が失業中だったり、離婚したばかりだとしたら、さぞつらいだろう。でもこんなときだからこそ、心ゆくままに旅をしてみたらどうだろう。それとも、何か悩みを抱えている？　それなら、前から憧れていたメンターに相談する話題ができたわけだ。ともかくこれを機に、頭の中で眠らせていた計画を実行に移そう。化学反応には必ず触媒がいるように、この苦境を君の触媒にしてしまおう。

たいていの人は悪い状況を避けようとする。失敗の場合と同じで、なんとかトラブルを回避しようと全力を尽くすのだ。偉大な人たちはこれとは反対のことをする。つまり、自分が置かれた状況で全力を尽くすのだ。彼らは身に降りかかる惨事や不運を、それこそ何でもチャンスに変えてしまう。では、君が今陥っている苦境は？　自分をあわれみ疲弊し、落胆して、せっかくの好機をふいにしていないだろうか。忘れてはいけない、人生は勇敢な者に微笑むのだ。私たちはただじっと座って文句を言っている。「チャンスが巡ってこない」と。でも本当はそうじゃない。

私たちの人生ははかなく短いが、それでもときに大きな試練に見舞われる。いらだたしく、不運で、不公平なものばかりだ。一番起きてほしくないときを狙ってくるような気さえする。大事なことは、それをネガティブなだけの出来事と受け止めるのか、それとも、その裏に隠されたポジティブな面に目をやり、攻撃に打って出るのかということだ。この「問題」が、待ち焦がれていた解決の機会を与えてくれると思えるだろうか？

そのチャンスを生かすも生かさないも、君次第だ。

ナポレオンは戦争というものを端的にこう形容した。「二つの軍がぶつかり合い、双方が相手に恐怖を与え怯えさせようとする。激突の瞬間に、パニックが起きる。まさにその瞬間を狙って、指揮官は勝機をつかもうとするのだ」。

ロンメルは戦闘の勘所をつかむ「第六感」があることで有名だった。戦場の熱気のなかでも鋭い嗅覚を働かせ、ここが攻め時という瞬間を見事にとらえた。何度も信じがたいような形で、敗北寸前の状況から勝利をもぎとった。

ほかの者なら惨事と受け止める状況でも、あるいは、そこまでいかない普通の戦闘状況でも、ロンメルはチャンスをかぎ分けた。「どういうわけか敵の急所が分かるんだ」と、ロンメルは言っていた。そしてチャンスと見ると容赦なく攻め立てた。テンポをゆるめず、絶対に退かなかった。

名将というものは、勝敗を決するポイントを見逃さない。そしてそのポイントに全力を注ぎ込んで、突破口を開くのだ。押して押して押しまくり、もうどうにもならない状況（たいていは絶望的な膠着状態）になっても、そこからさらにもう一押しするのだ。

人生と同じく、戦闘でもたいてい、二つの勢力があるところまで戦うとお互いにへばってしまう。丸一日戦った次の日の朝、もう手を引こうかという気になる。ところが、ここで力を奮い起こす者がいる。「ここが勝負どころ、今すぐ攻めてやっつけてやる」と。勝利を手にするのはこのタイプだ。

これがまさにオバマのしたことだ。問題から逃げずに受け止める。そして、長期にわたる接戦の予備選挙を戦い抜き疲弊していたはずだが、最後の最後、ここぞという場面で力を振り絞った。降りかかった試練をもっと高いレベルからとらえ、新たな意味を付与し、最後には勝利を勝ち取った。スキャンダルを「学ぶ機会」に変え、人種問題について歴史に残る演説を行った。

障害というのはひっくり返せるだけではない。飛躍を遂げる機会にもなるのである。

PREPARE FOR NONE OF IT TO WORK

何もかもうまくいかない場合に備える

何があっても次の原則を守れ。逆境に負けないこと。富や名声を信頼しないこと。運命の女神は気まぐれであることをいつも心にとめておくこと。

セネカ

もの見方はコントロールできる。行動は自由に方向づけられる。いつでもはっきりものを考え、クリエイティブに反応しよう。チャンスを探して主導権を握ろう。周りの世界を変えることはできない。少なくとも、自分の望むような世界にはできない。それでも、歪みのない目で物事を見て、正しく行動することはできる。失敗したならそれはそれでいい。いつも心にとめておこう。私たちはいつでもどんなことにでも挑戦できる。それを阻むことは誰にもできない、絶対に。

それでも、どれだけ創意工夫を働かせ全力で打ち込んでも、乗り越えられない障害というものはある。いくら行動しても動かせない状況があり、通り抜けられない道がある。私たちの手に負えないものは必ずあるのだ。

ただし、それは必ずしも悪いことではない。その障害だってやはりひっくり返してしまえばいいのだ。ほかの徳やスキルを実践する機会だととらえればいい。うまくいかないこともあるという現実を受け入れたり、謙虚さを実践する機会にもなる。

この考え方は無限に応用が利く。行く手を阻む障害が新しい道を開いてくれて、自分の中のこれまで気づかなかった可能性を教えてくれるのだ。大好きな人に何か傷つくようなことを言われたら、許すことを学ぶ機会となる。取り組んでいた事業が失敗したら、受け入れることを学ぶ機会となる。自分のために何もすることがなくても、ほかの人たちのために尽くすことはできるはずだ。

ジャズピアニストで作曲家のデューク・エリントンが言ったように、「問題とは本気になって力を出し切るチャンス」なのだ。

全力を尽くす、それだけだ。できないことではない。

負ける覚悟でサイコロを振る勇気をもとう。いつの日か、何も打つ手がなくなるかもしれない。心構えをしておこう。

何か目標を追いかければ、何度でもこの壁にぶちあたる。どれだけ綿密に計画を立て頭を振り絞っても、つまり、どれだけ努力しても粘り強く続けても、うまくいかないことはあるのだ。

この世の中に、そこまで目標に殉じようとする人は少ない。

でも、誰でもそんなふうになれる力を秘めている。己の課題に取り組み、持てる力を注ぎ込み、判決が下ったら素直にそれを受け入れる。そしてまた次の課題へ移っていくのだ。

君は？　もちろん君にだってできる！

Part Ⅲ

意志 — Will

意志とは何か？　意志は、私たちの内なる力であり、外部の状況に左右されることがない。言ってみれば、最後の切り札だ。行動というものが、現状に対してまだ打つ手があるときにするものであるとしたら、意志とは、打つ手がほぼ尽きたときにすがるものである。どう考えても最悪で手の施しようがない状況に置かれたときは、それを何かを学び謙虚になるための経験に変えてしまえばいいし、他者のために働くチャンスだと考えてもいい。それが意志の力である。ただし、意識して鍛えなければ身につかない。私たちは苦境や逆境に備えておかなくてはいけない。黙って耐え忍ぶ技を覚え、最悪のときにも顔を上げておかなくてはいけない。意志とは、どれだけ強く何かを求めるかということだ、と考えている人がほとんどだ。でも本当は、意志とは力強さというよりむしろ降参に近いものである。「勝つ意志」や「実現する意志」をもつのもいいが、「運を天に任せる意志」をもってはどうだろうか。前者の意志はくじけてしまうことがあるからだ。真の意志とは、穏やかな謙虚さと、打たれ強さと、柔軟さを兼ね備えている。それ以外の意志は、威勢やかけ声がいいだけの見せかけの強さだ。本当に困難な障害にぶつかったとき、どちらのほうが長続きするかお分かりだろう。

THE DISCIPLINE OF THE WILL

第三の鍛錬――意志

アメリカ合衆国第一六代大統領エイブラハム・リンカーンは、アメリカではもはや生身の人間というより神話上の英雄となっているため、リンカーンが生涯を通してひどい鬱《うつ》病と闘っていたことはほとんど知られていない。鬱病は、当時は憂鬱症《メランコリー》と呼ばれていたが、リンカーンの場合は深刻で、二度も自殺を試みたほど心身をむしばんだ。

リンカーンといえばアメリカでは冗談好きで、下卑たユーモアも解するおじさん、というイメージもあるのだが、その生涯に何度も繰り返された失意の時期、リンカーン自身から見えていた世界はそんなものではなかったはずだ。リンカーンは意識して陽気に快活に振るまうことができたが、その陰では一人思い悩み、孤独と苦痛に耐えていた。心の中で、逃れられない重荷と闘っていたのだ。

リンカーンの人生を見ると、壮絶な苦難に耐え、それらを乗り越えてきたことが分かる。田舎の貧困のなかで生まれ育ち、幼いころに母を亡くし、青年期に最愛の女性まで亡くした。教育はほぼ独学で、法律も一人で勉強し、小さな田舎町で弁護士業を営み、やがて政界に進出してからも選挙で何度も落選した。そして先述のとおり、鬱病にたびたび苦しめられた。当時はまだ鬱病は社会的に認知されておらず、病気だと思われていなかった。こうした障害に負けないために、リンカーンはなんとか自分を励まし、壮大な夢を描き、笑顔を心がけ、穏やかに耐え忍んだ。

リンカーンの身に降りかかった試練はあまりに強烈だった。そのため、なぜかは分からないながらも、ともかく自分はそういう運命に生まれついたのだと信じるようになった。鬱病についても、何か大きなことを成し遂げるために自分だけに与えられた試練なのだと考えた。リンカーンは、どんな試練もその意味と恩恵を明確にとらえることで、耐え抜くことを学んだ。このことを理解することが、リンカーンの偉大さを理解する鍵である。

リンカーンが政治家になったころは、奴隷制という黒い雲が国全体を覆い、恐ろしい嵐の到来を告げていた。逃げ出す人もいれば、さじを投げる人もいたし、奴隷制擁護論者に転向する人もいた。当時連邦制だったアメリカの人々は、これで永遠に分裂することになると考えた。自分たちが慣れ親しんだ世界の終わりといってもよかった。

リンカーンが己の人生の旅路で身につけた特質は、どれをとっても、今まさに旅の途中で試練に直面しているこの国の指導者にふさわしいものだった。リンカーンはほかの政治家とは異なり、つまらない争いやどうでもいいことには首をつっこまなかったし、楽天的にもなれなかった。また皆のようには憎しみの感情も湧いてこなかった。自分自身、さんざん苦しみ抜いてきただけに、他人の苦しみにも共感し、和らげてあげたいと思った。何より、自分自身のことや己の個人的な闘いより、大きな大義の中にこそ、目的と安らぎを見いだしていた。

国民が求めていた、度量が大きく、大義を成し遂げる力のあるリーダー、それがリンカーンだった。リンカーンは政治家としては駆け出しだったが、意志や忍耐力にかけては筋金入りのエキスパートだった。リンカーン自身が「つらい体験」と呼んでいた、その人生で育んだ意志と忍耐力こそが、建国以来最大の痛ましい試練——南北戦争という内戦——を迎えたこの国を導くために、なくてはならない能力だった。

リンカーンはもちろん、ずる賢さと機知と野心を持ち合わせていたが、その真骨頂はむしろ「意志」にあった。厄介な問題でも甘受し、絶望に耐えてやり抜く姿勢、ユーモラスな面と恐ろしく真剣な面とをあわせ持てる度量、己の苦しい体験を糧に他人を助け導くことのできる力、そして、政治を一段高いところから哲学的に見る能力。「これもまた過ぎ去る」というのがリンカーンの口癖だった。どんな状況に遭遇してもこの言葉は当てはまる、とよく言っていたものだ。

リンカーンは鬱病に負けまいと心の中に強固な要塞を築き、その身を守っていた。そして一八六一年になり、南北戦争がいよいよ始まりそうになると、そうして築き上げた心の要塞が、またしてもこの戦争を戦い抜くために必要な力を与えてくれた。戦争はほぼ四年続き、戦況は凄惨を極めていった。リンカーンは当初、なんとかこの内戦を食い止めようとしたが、やがて公正に戦って勝つことをめざすようになり、最後には「誰にとっても禍根が残らないように」戦争を終わらせようと努力した。リンカーンが暗殺される直前、最後の日々を共に過ごしたデヴィッド・ポーター海軍提督によれば、リンカーンは「不本意ながら果たさなければならない義務を抱えているだけ」といったふうであり、「それをできるだけスムーズに果たそうと」励んでいたという。

私たちは、リンカーンが味わったような試練を味わわずにすんだ。さらにそうした試練を、自分自身の苦悩を糧にして乗り越えねばならないような目にも遭わなかった。この幸運に感謝しつつ、リンカーンの泰然自若とした勇敢なさまを見習わなければならない。

政治でも人生でも、明晰な頭脳と行動力があれば十分とはかぎらない。パチンと指を鳴らしたり、独創的な解決策を思いつくだけでは越えられない障害もある。一人の人間の力では、世界から強大な悪を取り除いたり、国が内乱に向かうのを止めたりするのは不可能なこともある。もちろん、最初からあきらめはしない。そうした事態は起こりうるからだ。だが、絶対に勝ち目のない事態への備えもしておくべきだ。そうした苦境の中に大義を見いだして、決然と、辛抱強く事態を乗り切れるようにしておくのだ。

まさにそれを実践したのがリンカーンだった。リンカーンは、新しいアイデアや革新的なアプローチをいつも試しながら（南軍に包囲されたサムター要塞の兵士たちに増援部隊ではなく補給船を送ったほか、アンティータムの戦いで北軍が勝利したのに合わせ、その力を誇示しながら奴隷解放宣言を発表することで反発を抑え込んだ）、一方では最悪の事態に備えていた。たとえ最悪の事態になっても、それを最大限活用する心構えができていた。

リーダーたる者は決意と情熱をもたねばならない。そして苦境に陥ったときには、その決意と情熱をもって、ひたすら耐えねばならないこともある。リンカーンもそうだった。己の人生でくぐり抜けてきたもの、闘ってきたもの、対処の仕方を覚えたもの、それがあったからこそ、人々の先頭に立つことができたのだ。国全体を、大義を、皆の努力を、まとめあげることができたのだ。

これこそが、私たちが鍛えたい最後の力——「意志」である。「ものの見方」と「行動」が頭と体の鍛錬だとしたら、「意志」とは心と魂の鍛錬である。意志とは、私たちがどんなときも完璧にコントロールできるものだ。有害な「ものの見方」を避け、エネルギーを一〇〇パーセント「行動」へ向けるように努力することはできるけれども、どれだけ頑張ってもダメなときはある。しかし、「意志」は違う。「意志」は自分の中にあるものだから。

意志とは、胆力であり知恵でもある。特定の障害だけでなく、人生そのものに関わるものであり、私たちが直面する障害はすべて意志で対処できる範疇にある。意志は私たちに究極の力を与えてくれるのだ。つまり、とても克服できないような障害を耐え抜き、それを大きな文脈の中でとらえ、意味を引き出す力である（実はそれこそが、ひっくり返せないものをひっくり返す方法なのだ）。

リンカーンの落ち着きとまじめさ、そして思いやりは、同時代の人々からも驚嘆の目で見られていた。現代の私たちから見ると、神か超人ではないかと思えるほどだ。なすべきことをなそうという強い意識をもっていたことが、リンカーンを特別な存在に仕立て上げた。まるで、皆の心に重くのしかかっていた、国の分裂というつらい現実を超越しているかのように。まるで、別の惑星から来たかのように。

ある意味、そうだったのだ。リンカーンは、どこかとても遠いところ、他人にはうかがい知れない心の奥深くの場所からやって来たのだと言ってもいいだろう。古代ローマの詩人ウェルギリウスがうたったように、リンカーンは、苦しみ抜いた経験から「同じように苦しんでいる人を励ます」ことを覚えた。これもまた、意志のなせる技だ。他者を思いやり、防ぎようのなかった苦境を逆手にとって、笑顔と優しさをもって運命に立ち向かう。

リンカーンは力強さと決断力を備えたリーダーだった。が、それとともに、ストア派の格言「sustine et abstine（耐えて忍ぶ）」の生きる見本でもあった。苦しみを甘受しつつ、自分の務めを果たすために前へ前へと歩みを進める。もしも南北戦争がさらに長引いていたとしても、リンカーンは最後まで指揮をとっただろう。もしも北軍が敗北していたとしても、リンカーンは、勝つためにできるかぎりのことはやったと納得できただろう。彼には、たとえ敗北しどんな結果に終わろうとも、尊厳と力強さと勇気をもってそれを受け入れる覚悟ができていた。勝利か敗北か、どちらに転んでも、皆の模範となったことは間違いない。

現代では科学技術の発達によって、人間が自分たちを取り巻く世界をコントロールできるという妄想が生まれている。私たちはとうとう、コントロールできないものまでコントロールできるようになったと思い込んでいるのだ。

もちろんそれは妄想でしかない。人生で遭遇する嫌な出来事、不測の事態、それを全部取り除けるようになることはこの先もないだろう。歴史を振り返れば、この世界がいかに気まぐれで、理不尽で、恐ろしいところか、すぐに分かるはずだ。不可解なことはいつだって起こるのだ。

人生では思いがけない事態によって、ナイフで切られたように傷口が開くことがある。そんなとき、ふだんは隠されている自分の真の姿が、世間にさらされることになる。緊張やプレッシャーによってぱっくり開いた穴から見えるものは何だろう？　鉄の意志？　空気みたいにからっぽ？　それとも、ただのたわ言？

だからこそ、「ものの見方」と「行動」に続く第三の鍛錬として「意志」があるのだ。私たちは考え、行動し、そして最後に、本質的に予測不能な世界と折り合いをつけることをめざす。意志とは、その備えになるものであり、この予測不能な世界から私たちを守ってくれ、こんな世界でも楽しく幸せに生きていくことを可能にしてくれる。意志とはまた、三つの鍛錬の中で一番難しいものでもある。意志の力があれば、ほかの人たちがくじけ、慌ててしまう状況でも平静を保つことができる。どんな状況でも自信をもち、落ち着いて物事に対処しよう。考えられないような状況でも、最悪の悪夢が現実になっても、意志があればやり続けることができる。

ほかの人や出来事をコントロールしたいという欲求を捨てるよりも、自分のものの見方や感情をコントロールするほうがずっとやさしい。不快なことやつらいことにただ耐えるよりも、自分の努力や行動を最後まで続けるほうがずっとやさしい。既存の知恵を実践するよりも、考えて行動するほうがずっとやさしい。

これは耳に痛い教訓だが、最終的に逆境からチャンスを引き出すために絶対欠かせないものだ。どんな状況でも常に、次のことを心がけよう。

- もっと状況が悪くなることに備えておく
- 変えられないものがあるということを受け入れる
- 「～だったらいい」という期待そのものを修正する
- 忍耐強く取り組む
- 自分の運命、自分の身に降りかかることを愛する
- 自分の内面世界を守り、必要なときは逃げ込めるようにしておく
- 崇高で偉大な大義に尽くす
- 人間が死すべき存在であることを忘れない

そしてもちろん、このサイクル――「ものの見方」↓「行動」↓「意志」――をもう一度始める準備をしよう。

BUILD YOUR INNER CITADEL

心の中に砦を築く

もしあなたが悩みの日に気をくじくならば、あなたの力は弱い。

旧約聖書・箴言２４：１０

アメリカ合衆国第二六代大統領セオドア・ルーズベルトは、一二歳になるまで毎日のように、ひどい喘息に苦しめられていた。名門の家庭に生まれたものの、ルーズベルトの人生は危なっかしいバランスのうえに成り立っていた。毎晩のように発作に襲われ、死ぬほどの苦しみを味わったのだ。ひょろ長くひ弱な体のため、少し激しい運動をするだけですっかりバランスが狂い、何週間もベッドの上で過ごすことになった。

ある日のこと、父親が部屋に入ってきて、少年の人生を変える一言を告げた。「お前は、頭はいいが体がついてこない。そんなお前に、体の鍛え方を教えようと思う。単調でつらい作業だとは思うが、お前ならやり抜く力がある」。

普通なら小さな子供に、しかもひ弱な金持ちのお坊ちゃんに、こんなことを言ってもムダだと思うだろう。でもこのやり取りを見ていた妹によれば、そんなことはなかった。ルーズベルトは、やがて彼のトレードマークとなる前向きなガッツを見せて、父親の目を見てはっきりこう言った。「うん、ぼく体を鍛えるよ」。

父親が二階のポーチにこしらえたジムで、ルーズベルト少年は五年間、毎日トレーニングに励み続けた。徐々に筋肉をつけ、弱い肺を守るため、また将来のために上半身を強化した。二〇代前半には、喘息との闘いもほぼ終息する。この弱点を――文字どおり体を動かすことによって――体から追い出すことに成功したのだ。

このジムでのトレーニングが、体は弱くても頭は切れる一人の少年を、アメリカと世界がちょうど乗り出そうとしていた、かつてない苦難の道を指揮する人物に仕立てあげた。ここを出発点にして、ルーズベルトは自ら「奮闘的生活」と呼ぶ生き方を模索し実践していくことになる。

ルーズベルトは多難の人生を歩んだ。家庭では妻と母親を矢継ぎ早に失い、政治ではルーズベルトの進歩的政策を嫌悪する保守派が手強い政敵として立ちはだかり、選挙でも落選した。アメリカは海外の戦争に巻き込まれ、ルーズベルト自身、何度か暗殺されかけた。そうした苦境を耐え抜くことができたのは、子供のころ、そして大人になってからも、毎日欠かさず続けていたトレーニングのおかげだった。

君もこんな準備ができているだろうか？　突然事態が悪化したときに、自分を保てるという自信はあるだろうか？

私たちは、自分の弱さを受け入れてしまっている。生まれつき持っているものは変えられず、不利な条件を一生背負っていくしかないと思い込み、そしてそのことで萎縮してしまう。

これが人生の困難に対処するうえで、最善のレシピであるとは必ずしもいえない。

生まれつきハンディを背負いながら、それを受け入れない人もいる。そういう人はさまざまな活動や運動によって、自分の体や生活（人生）をつくり変える。そうやって険しい道を歩く準備をしておく。彼らも、どうか険しい道を歩く必要がありませんようにと願っただろうか？　それはもちろんだ。でも、万一の場合は歩けるように備えをしておくのだ。

君はどうだろう？

鋼の背骨をもって生まれてくる者はいない。ならば自分で鍛えよう。

体を鍛えれば心も鍛えられ、心を鍛えれば体も鍛えられる（健全な精神は健全な肉体に宿る）。

このアプローチは古代の哲学者に端を発する。彼らが展開した哲学とは要するに、来る試練に備えて自分自身を鍛え、つくり変えるものだった。哲学者とは心のアスリートだとみなされていた。脳も、ほかの活動組織のように鍛えることができる筋肉のようなものだからだ。正しい運動をすれば鍛え、引き締めることができる。時間をかけて筋肉の鍛錬を積み重ねていけば、やがてどんな状況にも（特に苦境）直感的に対処できるようになる。

ユダヤ人を例に挙げよう。ユダヤ人は安住できる祖国を長い間奪われ、その神殿を破壊され、共同体は離散を強いられた。そのため物理的な再建にとどまらず、心の中でも共同体を建て直す必要があった。神殿は象徴的な存在となり、信者一人ひとりの心の中に根を下ろした。そして、世界中のどこに離散していても、どんな迫害や苦難を味わおうとも、各自がそこから強さと心の平安を得ることができた。

モーセの出エジプトにまつわるユダヤ教の祭日「過越《すぎこし》の祭」で読まれる式次第「ハガダー」に、こんな一節がある。「世代を問わず、一人ひとりが、自分はエジプトを脱出した者であると考える義務がある」。

過越の祭で供される晩餐「セーダ」のメニューには、苦菜《にがな》と種なしパン（「苦しみのパン」と呼ばれる）がある。なぜだろうか？　ある意味では、これはユダヤ人共同体を何世代にもわたって支えてきた精神的強さに訴えるものである。この儀式は、単にユダヤ教の伝統を祝福するだけでなく、皆で晩餐を共にすることで、共同体をつなぎとめてきた力を可視化し再確認させる効果があるのだ。

これはストア派でいう「内なる砦」と驚くほど似ている。内なる砦とは、私たちの心の中にあり、外の世界でどんな逆風が吹き荒れても崩されないものだ。注意点は、私たちは生まれつきこうした砦を備えているわけではないということ。それは自ら築き、努力して補強していかねばならない。うまくいっているときに心身を鍛えておけば、うまくいかなくなったときにそれに頼ることができる。私たちは内なる砦を築くことで、自分の身を守ることができるのだ。

ルーズベルトにとって、人生とは古代ローマの闘技場のようなものであり、自身は剣闘士だった。生き残るためには、強く、タフで、勇敢で、用心深くなる必要があった。こうした強さを獲得するためなら、どんなにつらいことでもやり抜き、全身全霊取り組む覚悟だった。

自分に無関心な世界に対して無謀な闘いを仕掛けるくらいなら、自分を鍛えるほうがずっとずっとましだ。ルーズベルトのように病弱な体に生まれたにせよ、それとも今、人生がうまくいっているにせよ、いつか状況が暗転する日への備えは怠ってはいけない。私たちは皆、ルーズベルトと同じ立場に置かれているのであり、自分なりの方法で人生を闘っているのだ。

生まれつき、剣闘士である者はいないし、内なる砦をもっている者もいない。私たちが、途中で現れる障害に負けずに目標を達成したいと思うなら、精神力をしっかり鍛えねばならない。

何かに上達するには練習が必要だ。障害や逆境に備えることだって違いはない。何もせず、安逸な現代の暮らしをむさぼるほうが楽だろうが、そうした練習を積むことには素晴らしい利点がある。ある日突然、何かが起きて自分の計画がめちゃくちゃになってしまったときにも、すべてを失うことは防げるということだ（少なくとも自分の心は守れる）。

いかにも月並みな文句のようだが、「橋を強くするには重みをかければよい」というのは言い得て妙だ。重みをかけることで、橋を作る石同士の結束が強まる。そのため、緊張を加えるだけで重さに耐えられるようになるのだ。

一番楽な道を選んでも学べることは少ない。私たちには苦手なものや嫌なものから逃げる余裕なんてない。自分の弱さを生まれつきのものだとあきらめることもない。

もしたった一人きりになったとしても、君は大丈夫だろうか？　そんな状況に陥っても、もう一勝負挑むだけの強さがあるだろうか？　前向きに取り組めるだろうか？　不安に押しつぶされてしまわないか？　プレッシャーに耐えられるだろうか？

こんなことを聞いたのは、どれも将来、君の身に起こることだからだ。いつ、どんなふうに訪れるかは分からないが、起こることは確かだ。そのとき、人生は答えを要求してくる。そこで君は自分で選び取るのだ、行動する生き方を。そのためにどんな備えをすればいいのかは、もう分かっているはずだ。

それは、君の甲冑《かっちゅう》となってくれる。だからといって無敵になれるわけではないが、運命が暗転したとき（本当はいつだって）、自分の身を守ってくれるのだ。

ANTICIPATION (THINKING NEGATIVELY)

前もって考えておく（最悪の事態に備える）

「保証、その傍らに破滅」

ギリシャ、デルポイの神託所にある古代の碑文

ある会社のＣＥＯが、これから重要な事業を始めようという時期に、全社員を会議室に呼び集めた。社員たちはガヤガヤと入ってきて、テーブルを囲んで席に着いた。ＣＥＯは会議の開始を告げ、こう切り出した。「悪い知らせがあります。事業はとんでもない失敗に終わりました。何がいけなかったのか、意見を聞かせてください」。

「えっ？　まだ始めてもいないのに……」。

そこがポイントだ。このＣＥＯが社員にやらせようとしていたのは、事業が失敗した場合のシナリ

オを、前もって想定しておく練習だ。この手法は心理学者のゲーリー・クラインが編みだしたもので、「死亡前死因分析（premortem）」という。

従来行われているのは「死亡後死因分析（postmortem）」で、医師たちが集まって不慮の死を遂げた患者の死因を究明する。そこで得た教訓を生かして、次回似たような事態が起きたときにはもっとうまく対処できるようにしておくのだ。医学の世界を離れれば、これにはいろんな呼び方がある。ディブリーフィング（活動終了後の報告）、エグジット（退職者）インタビュー、ラップアップ（まとめ）ミーティング、レビュー（見直し）……。いくら呼び名が変わっても、発想は同じだ。すべてが済んでから過去を振り返り、見直しを行う。

死亡前死因分析はそれとは違う。うまくいかない可能性があるものや、まずうまくいきそうにないことを、始めもしないうちから前もって想定しておくのだ。せっかく始めた野心的な事業が、防げたはずの事態によって失敗に終わることは本当に多い。失敗したときの代案を用意していない人も本当に多い。思ったとおりに進まないかもしれないなんて考えたくないからだ。

計画と実際の展開が同じになることはまずない。見込んでいた成果が得られることはめったにないのだ。それなのに、私たちはこの事実を受け入れようとせず、毎度懲りずに、気まぐれな世界の展開に驚かされる。予想外の出来事が起きるたびに驚き大騒ぎする。

ばかげた話だ。わざわざ失敗を招くような真似はもうよそう。

このことを、身をもって痛感した人物といえば、元ボクサーのマイク・タイソンだ。タイソンは富と名声を恐ろしい勢いで失ったことについて記者にこう語った。「謙虚さが足りない奴は、ちゃんと謙虚さを学ぶように人生はできているのさ」。

人生の重要な場面で最悪のシナリオを考えておく人がもっと多ければ、数々の重大事件――ＩＴバブル、エンロン事件、九・一一、米軍のイラク侵攻、不動産バブル――も回避できていたかもしれない。ところが、今挙げたいずれの場面でも、どんな事態が起きる可能性があるか考えようとする人はいなかった。で、その結果は？　大惨事だ。

現在、死亡前死因分析はビジネスの世界でも人気を博している。新興企業からフォーチュン五〇〇社まで広く使われ、ハーバード・ビジネス・レビュー誌でもよく取り上げられる。ただし優れた思想の常として、死亡前死因分析も実は新しいものではない。元をたどればストア派に行き着く。ストア派ではこう呼んでいる――「premeditatio malorum」（悪を見越しておくこと）と。

文筆家セネカは、何か計画を実行する際、事前によく点検し予行演習をしていた。旅に出かけるなら、頭の中で（もしくは紙面上で）シミュレーションをし、考えられる事態（嵐が起きる、船長が病気になる、船が海賊に襲われる…）とその対策を用意しておいた。

「賢明な者には、不測の事態など起こらない」と、セネカは友人にあてた手紙で書いている。「何事も望んだとおりには進まないが、予測したとおりには進んでくれる。特に、計画を妨害するものについての予測はよく当たる」。

計画が妨害される可能性も、あらかじめ計画に織り込んでおこう。よくいわれるように、勝っても負けてもいいようにしておこう。それにはっきり言って、どうせ驚くなら、不快な気持ちを味わうより愉快な気持ちになるほうがずっといい。だから次のようにシミュレーションをしておこう。

● もし〜だったら　⇓　「それなら〜しよう」
● もし〜だったら　⇓　「代わりに〜すればいい」
● もし〜だったら　⇓　「大丈夫、いつも〜しているから」

もし何も打つ手がない場合、ストア派では、普通の人ではまず真似のできないすごい技を実践する。それは、そもそもの期待自体を変えてしまうことだ。というのも、「もし〜だったら」という問いに対して「最悪だ。でもそれで構わない」と答えるしかない状況もあるからだ。

君が生きるこの世界は、外的要因によって支配されている。約束は守られない。君が正当な所有者であるはずのものが――苦労して手に入れたとしても――君のものにならないこともある。何もかもビジネススクールで教わったゲームのようには、クリーンではないしまっすぐでもない。心しておこう。君は一人で生きているわけではないから、いろいろと譲歩する必要もある。私たちは互いに依存し合っている。そして、誰もが君のように頼りになるわけではない（ただし、自分自身が最大の敵となることもある）。おそらく周りの誰かが、何かへまをやらかして君の計画を台無しにするだろう。いつもではないが、何度もだ。

そのたびに驚いていたら、惨めになるだけだ。おまけに、二回、三回、四回……と繰り返すたびに、失敗を認め再チャレンジをするのがどんどん苦しくなる。一つはっきりしているのは、「悪いことは必ず起きる」ということ。その痛みを少しでも和らげるには、前もって心づもりをしておくしかない。私たちが完全にコントロールできる変数は、自分自身だけなのだから。

人類の知恵としてこんな格言が残っている。

嵐の前の静けさに用心せよ
楽観しつつ、最悪の事態にも備えよ
最悪の事態はまだこれからだ
良くなるそばから悪くなる

この世界では悲観主義に傾かざるを得ないのかもしれない。でも、それがどうしたというのか？　不意打ちをくらって慌てるよりは、陰気な奴だと思われるほうがずっといい。どんな事態が起こりうるのかをじっくり考え、計画に落ち度がないか探し回れば、避けられない失敗をきちんと把握することができる。それができたら、何か適当な対策を施してもいいし、単に耐えることに徹してもいい。

不運な事態について考えるようにと言った本当の理由は、それによって恐れが消えるからだ。前もって苦境への備えをしておくことで、それをしていない人たちより有利になる。言い方を換えれば、不運とは、ほかの人たちを追い越すチャンスでもある。坂道や標高の高いところでトレーニングをするランナーのようなものだ。そのようなトレーニングをしておけば、コースは平坦だと思い込んでいるほかのランナーを打ち負かすことができる。

もちろん悪い事態を見越しておくだけで、何もかもが魔法のようにうまくいくわけではない。でも、もともと道が険しいという現実は分かっているのだ。準備をしておくに越したことはない。

前もって準備をしておけば、どんな結果が予想されるのか把握でき、よい結果ばかりではないことが分かる（よい結果ばかりなんてことはめったにない）。どんな結果が予想されるにせよ、受け入れてしまおう。どのみち、うまくいかなくなる可能性はあるのだから。そこまでできたら準備は完了。

さあ、目の前の課題に取り組もう。

何か目標があるなら、時間とお金をかけ、ほかの人にも働きかけて、それを達成しようとするだろう。この場合、最悪の事態とは、何かがうまくいかなくなること自体ではなく、何かがうまくいかなくなったときに急に不意を突かれることだ。なぜか？　予期せぬ失敗というのは背後から襲われるようなもので、心がくじけてしまうからだ。

一方、日頃から頭の中で最悪の事態をシミュレーションしている人は、不意を打たれることがない。落胆する覚悟ができている人は落胆しない。それに耐える力がついているからだ。そういう人は目の前の課題に尻込みしたり逃げ出したりしないし、プレッシャーがかかってもミスを犯さない。

頭の中で空想をふくらませるのは楽しいものだ。でも、もっと楽しいものがある。それは、現実の世界でその空想を形にしていくことだ。もちろん空想にとどめておけば、引き裂かれる心配もないし居心地もいい。でも、そんなことをしていて何になる？　空想は空想でしかなく、最後には失望する羽目になるのだ。空想の産物は、いつかは破れる。そのときになって激しい痛みを味わうことになる。

あらかじめ心の用意をしておけば、守りを固める時間ができるし、そんな痛手を完全に回避できることもある。計画が狂って進路からそれても構わない。元の道に戻る方法は考えてあるのだから。計画どおりに進まなくても、備えがあれば、ばらばらにならず踏ん張ることができるのだ。

失敗への備えをすれば、成功への道も開ける。

THE ART OF ACQUIESCENCE

ハンディを受け入れる――「黙従の技」

運命の三女神は、自分たちを受け入れる人間を導き、拒む人間を妨害する。

クレアンテス（ギリシャのストア派哲学者）

アメリカ合衆国第三代大統領トーマス・ジェファーソンは物静かで、内省的で、控えめな性質の人物だった。吃音だったといううわさもある。同時代の偉大な演説家の面々――パトリック・ヘンリー、ジョン・ウェスレー、エドマンド・バーク――と比べると、弁論に長けているとはとてもいえなかった。ジェファーソンは政治家になろうと決めていたから、道は二つだった。自分に突きつけられたこの現実に抗い戦うか、受け入れてしまうか。

ジェファーソンは後者を選んだ。皆が弁論術を鍛えようと励んでいるとき、ジェファーソンだけは文章術に熱意を注いだ。そして、そこに自分のコミュニケーション手段を見いだした。文章でなら自分の意見を明瞭に表現できることに気づいたのだ。書くことがジェファーソンの強みになった。アメリカ建国の父たちがかの「独立宣言」を作ろうとしたとき、真っ先に声をかけたのがジェファーソンだった。ジェファーソンは歴史に残るこの名文書を、一気に書き上げてしまったという。

ジェファーソンは演説が上手ではなかった。そして自分でその事実を認め、それに従って行動したわけだが、だからといってジェファーソンという人間の価値が下がるわけではない。

同じことはエジソンにもいえる。あまり知られていない事実だが、エジソンはほとんど耳が聞こえなかった。それからヘレン・ケラーにいたっては、耳が聞こえないうえ目も見えなかった。二人ともこうした感覚を奪われていたにもかかわらず、その事実に憤るより受け入れることを選んだ。そのおかげで他人とは違う明敏な感覚が磨かれ、現実に適応する道が見つかった。

いつもそんなふうには感じられないかもしれないが、人生で何かしら制約を負うのはよいことだ。私たちがその制約を受け入れ、それに従って生きるなら、なおのことよい。その制約のおかげでめざそうと思える場所があり、鍛えようと思えるスキルがあるのだから。それとも、何もかもそろっていたほうがいい？　それはそうだ。でも、自分では選べない。

イギリスの文学者サミュエル・ジョンソンがこんな言葉を残している。「真の才能とは、平凡な力がたまたま特定の方向に集まった結果、働く精神のことだ」。

このように一つのことに力を振り向けるには、現実を認め、受け入れねばならない。偶然の成り行きに身を任せる必要があるのだ。

「私はあきらめたくない！　闘いたい！」。気持ちは分かる。でも、必ずしも好きでないものを受け入れざるを得ない人は、君だけではないのだ。人間である以上、避けられないことだ。

もし、知り合いの誰かが道路の信号を自分勝手に解釈したら、正気ではない、どうかしていると思うだろう。

でも人生が私たちにしてくる仕打ちというのは、まさにこういうことなのだ。突然、ここで止まれと言われる。そうかと思えば、一部の交差点が封鎖されていたり、急にルートが変わって不便な回り道を強いられたりする。こうした問題に不満を言い、騒ぎ立てても事態は変わらない。変わらないのなら黙って受け入れるしかない。

言うまでもなく、そんなことのために最終的な目的地に着けなくなるなんてごめんだ。でも、そこまでの行き方や旅の長さは変わっても構わない。

医者から何か指示や診断を受けたとして、それが気に入らなかったらどうするだろうか？　もちろん受け入れるだろう。その治療を好きになれなくても乗り気がしなくても構わないが、それを拒んでも回復が遅れるだけだ。

自分の力で変えられるものと変えられないもの（ta eph'hemin, ta ouk eph'hemin）を区別し、自分ではどうにもできないような不運に見舞われたら、もうできることは一つしかない――受け入れることだ。

- シュートが外れた
- 株価が大暴落した
- 海が荒れて船の航行が妨げられた

そんなときは一緒にこう言おう。「人生なんてそんなものさ。大丈夫」と。

何かをムリに好きになって身につけようとしたり、ましてや活用したりする必要なんてない。私たちが何か問題を抱えていて、その原因が私たちの外部にあるときは、それを受け入れて先へ進むほうが賢明だ。それに抵抗し、闘いを挑むよりも、折り合いをつけるほうがずっといい。ストア派ではこの態度に美しい呼び名をつけている。「黙従の技」というのだ。

誤解してほしくないが、これはあきらめるのとは違う。行動とも関係がない。むしろ行動してもどうにもならない状況に使う技だ。いつだって、物事のあるべき姿を論じているほうがずっと楽だ。実際の姿を受け入れるには胆力と謙虚さ、そして意志が要る。前に進むために「必要なこと」としっかり向き合うには、真の男（女）になる必要がある。

外的な出来事というのは、基本的に何でも自分の利益になると考えていい。どんなものでもひっくり返して有効に活用できるのだから。そんな目に遭わなければ学ぼうという気にならなかった教訓を学ばせてくれる。

例として、ＮＢＡのロサンゼルス・レイカーズの監督フィル・ジャクソンを挙げよう。長年、腰の痛みに悩まされていたジャクソンは二〇〇六年、とうとう手術を受けることになり、その結果コートサイドでの動きがひどく制限されることになった。選手たちの横にしつらえられた監督専用のイスに追いやられたジャクソンは、これまでのようにサイドラインを行ったり来たりしながら選手に声をかけることができなくなってしまった。ジャクソンは当初、これが自分の指導に悪影響を及ぼすのではないかと案じたが、いざやってみると、ベンチの中で自分だけ背の高いイスにでんと座り、コートを見下ろしていることで、かえって権威が増した。もうこれまでのように威圧的なポーズをとらなくても、自分の主張を選手たちに伝えられることが分かったのだ。

だがこうした思いがけない恩恵に浴するためには、まず、思いがけない損失を受け入れることが先だ。最初はそんな気持ちになれないかもしれないが。

あいにく（残念なことに）、私たちは欲張りすぎていてなかなかそれができない。もっと悪い事態になっていたかもしれないということには考えが及ばず、「もしこんな状況だったらどんなによいだろうか」などとつい考えてしまうのだ。

実際、物事はいつ悪くなってもおかしくない。これは口先だけで言っているのではない。さあ次は君の番だ。

● 金を失った？

――友達を失うよりずっといい

● 仕事を失った？

――手足を失うのとどちらがいい？

● 家を失った？

――すべてを失っていた可能性もある

それでも私たちは何かを奪われると地団駄を踏んでくやしがり、不平を言い立てる。奪われなかったもの、自分がすでに持っているもののありがたみが分かっていないのだ。

こうした考え方の根底にある傲慢さは、現代に特有のものだ。ナノ秒で世界中にドキュメントを送信でき、いつでも誰とでも高画質の映像でチャットができ、分刻みで天気を知ることができる世界にあっては、人間は自然を飼い慣らし思うままに操れると思い込んでも無理はないだろう。だがもちろん、そんなことはあり得ない。

人類は昔からこんな考え方をしてきたわけではない。古代の人々は（もっとあとの時代の人々だって）「運命」と言う言葉を頻繁に使っていた。世界は気まぐれで偶然に満ちていることを、身をもって知っていたからだ。何か事件が起きれば「神の思し召し」だと考えた。人生と運命は、運命の三女神の気まぐれで決められていた。

手紙の末尾には「Deo volente（神のみ心にかなえば）」と記す習慣があった。だって、先に何があるか誰に分かるだろうか？

アメリカ独立戦争を指揮したワシントンは、もてる力を出し切ったうえで、「あとは神の手にゆだねよう」と言った。第二次世界大戦で連合国軍最高司令官を務めたアイゼンハワーは、連合国軍によるシチリア島への侵攻前夜、妻に手紙を書き、「できることは全部やった。兵士たちは準備万端だ。皆、全力を尽くしている。あとは神にお任せしよう」。ワシントンもアイゼンハワーも、細かい物事の成否を他人任せにしてしまうタイプではなかったが、それでも絶対はないことを歴史の教訓から知っていた。だから、それに従ったのだ。

そろそろ私たちも謙虚に柔軟になって、この現実と真理を受け入れようではないか。私たちの計画は必ず「何か」や「誰か」によって変更を迫られるのだ。しかもその「誰か」というのは私たち自身ではない。ことわざにもあるように、「人が企て、神が決する」のである。

●運命の定めで……
●そんなことが起こりませんように……
●自然が許すなら……
●マーフィーの法則によれば……

どれでも好きなものを選べばいいが、言っていることは同じだ。時代や人が変わっても、考えることにそう変わりはない。昔の人のほうが少しばかり、運命の力という真理をよく知っていただけだ。人生はゲームだという比喩を使うなら、サイコロやカードやチップが落ちた場所でプレーするということになる。ゴルファーなら、ボールがあるところからプレーする、というところだろう。

人生をあるがままに見れば、やることはたっぷりあるし、君の業績を残すべきこともたっぷりある。周りの人や出来事を素直に見れば、そこには宝の山が転がっている。状況に身を任せていれば、丘から流れ落ちる水のように、最後には必ず麓に行き着く。そうだろう？

なぜなら、

（A）君は十分タフで打たれ強いから、何が起きても対処できる。
（B）しかし、ともかく今のところは何も打つ手がない。

(C)そして、壮大な目標を、壮大な時間軸で描いている。だから、どんなことを受け入れねばならなくなっても、しょせん目標への道程のちょっとしたアクシデントにすぎない。

アクシデントやハンディについて思い煩う必要はないし、それは君の弱点にはならない。フランシス・ベーコンがかつて言ったように、「自然はそれに従うことによってのみ征服できる」のである。

LOVE EVERYTHING THAT HAPPENS: AMOR FATI

自分の身に起きたことのすべてを愛する：運命愛

人間の偉大さを一言で言い表すなら、運命愛だ。つまり、今あるものを変えたいと思わないこと。未来へ向けても、過去へ向けても、それこそ永遠にわたって。必然的なことをただ耐え忍ぶのではなく、いわんや隠すのではなく……愛するのだ。

ニーチェ

トーマス・エジソンが六七歳のときの話だ。その日の夕方、エジソンはいつもより早く研究所を出て家に帰った。夕食を終えるやいなや、男が家に駆け込んできて、緊急事態を告げた。数キロ離れたところにあるエジソンの研究所と工場の敷地内で、火事が起きたというのだ。

近隣の八つもの町から消防車が現場へ急行したが、鎮火できずにいた。あっちこっちの建物に保管された得体の知れない化学物質が引火して、緑や黄色の炎が六階か七階まで噴き上がり、エジソンが生涯をかけて築き上げた帝国を焼き尽くさん勢いだった。

エジソンは落ち着いた様子ながら、急いで現場へ向かった。今や数百人に達していた野次馬や、打ちひしがれた従業員をかき分けて現場に着くと、先に来ていた息子に言った。「急いで母さんを呼んできなさい。母さんの友達も全員だぞ」。エジソンは子供みたいに興奮していた。「こんなすごい火事は二度と見られないぞ」。

えっ、何だって⁉

「心配ないさ」と、エジソンは息子を安心させるように言った。「大丈夫。ごみが片付いてちょうどよかった」。

ちょっと信じがたい反応だ。でもよく考えたら、ほかに反応のしようがあるだろうか？

あるとしたら、エジソンはどう反応すべきだったのだろう？　しくしく泣く？　腹を立てる？　それとも黙って家に帰ればよいのか？

そんなことをして何か得るものがあるだろうか。

答えはお分かりだろう。何もない。だから、エジソンは悲しみに浸って時間を無駄にはしなかった。大きなことを成し遂げるには、ときに悲劇的な事態や挫折にも耐えねばならない。自分がすることとそれに伴う結果を、良きにつけ悪しきにつけ愛する必要がある。どんな出来事にも、どんな小さなことにも喜びを見いだせるようにならなくては……。

もちろんエジソンが自分の研究所を「ごみ」と言うのは、さすがに言い過ぎだろう。長年にわたる貴重な記録、試作品、研究の成果が灰燼に帰したのだ。建物は耐熱コンクリート製ということになっていたので、その資産価値の一部しか保険をかけていなかった。エジソンも出資者たちも、まさかそんな災難に見舞われるとは思っていなかったので、結局損害額の三分の一しか補償されなかった。

それでもエジソンは落ち込まなかった。悲嘆に暮れてもおかしくなかったし、おそらくそうなるのが当然だったのだが。この事件はかえってエジソンを奮起させた。翌日、記者にこう言ったのだ。まだ老けこむ年じゃないし、一から出直せるよ、と。「こんなことは山ほどくぐり抜けてきたんだ。するとね、退屈に苦しむことなんてなくなってしまうんだよ」。

三週間とたたずに工場は一部復旧し、稼働を再開した。ひと月もすると、従業員は昼夜二交代のシフトで働き、世界を驚かせる新製品を作りまくっていた。火災でおよそ一〇〇万ドル（現在の価値で二三〇〇万ドル以上）を失ったにもかかわらず、エジソンはその年、総力を結集して一〇〇〇万ドル近い収益（現在の価値で二億ドル以上）をたたき出した。エジソンは壮大な火事に見舞われただけでなく、壮大な復活劇まで成し遂げたのだ。

かなわない期待を捨て、わが身に起きたことを受け入れ、ある種の出来事（特に悪い出来事）は自分の力でどうにもできないことを理解したら、次のステップへ進もう。自分の身に起きたことを、どんなものでも愛し、いつも笑顔で受け止めるのだ。

つまり、「しなければならないこと」を「自分からすること」に変えるのだ。

どうせ情熱や努力を注ぐなら、確実に効果があるところに注ぎたい。これなどまさにその典型だ。自分自身にこう言い聞かせよう――「これって、しなければいけないこと？　我慢しなければいけないこと？　どうせやるなら、楽しんでやろう！」と。

この話を知っているだろうか。伝説の黒人ボクサー、ジャック・ジョンソンが、白人ボクサーのジム・ジェフリーズと繰り広げた一五ラウンドの闘いのことだ。ジェフリーズは何年も前に引退して農園生活を送っていたが、この無敵の黒人チャンピオンを打ち負かしたい世間の人々に「白人の期待の星」と祭り上げられ、復帰を果たした。古代ローマの危機に際して、やはり農園生活を送っていたキンキナトゥスが元老院に呼び戻され、異民族を打ち破ったという故事を彷彿とさせるが、ジェフリーズの場合は少々無謀だった。さて試合が始まると、ジョンソンの周りは敵だらけ。ジェフリーズ側も満員の観客も憎悪をむき出しにしてきたが、ジョンソンは涼しい顔で、勝負の一瞬一瞬を楽しんでいる様子だった。笑顔で、冗談を飛ばしながら、最後まで闘った。

最高のやり方だ。ほかにもっといい振るまい方があったとは思えない。もしジョンソンが、自分に向けられた憎しみに対して憎しみで応えていたら？　恨みの感情は自分の重荷になる。だからジョンソンは、それを背負うことを拒んだ。

ジョンソンは野次や中傷を無視するだけにとどまらず、むしろそれを中心に作戦を立てた。つまりジェフリーズ側から汚い言葉が飛んでくるたびに、ジェフリーズに一発お見舞いした。さらに、ジェフリーズがずるい手を使って打ち込んでくるたびに、ジョンソンは軽く皮肉を言って、それから強烈なパンチを打ち返した。どんなときも冷静さを失わなかった。一度、ジェフリーズのパンチをもろにくらって唇から出血したときも、笑顔のままだった。血だらけの顔でにこにこと微笑んでいたのだ。ラウンドを重ねるごとに、ジョンソンがますます楽しそうに、フレンドリーになっていくのに対して、ジェフリーズのほうはますます怒り、疲れ果て、とうとう闘う気力をなくしてしまった。

最悪の事態に陥ったときは、ジョンソンの姿を思い浮かべよう。いつも穏やかで、自分を律し、人前で自分の力を証明する機会を、観客を楽しませる機会を心底愛したジョンソンの姿を……。皆が自分の成功を望んでいようがいまいが、どちらでもよかった。どんな言葉も、それを口にした者は相応の報いを受ける。それだけだ。敵が何か言いたければ、どうぞ勝手に言って墓穴を掘ればいい。ジェフリーズがマットに沈んで勝負がつくころには、ジョンソンへの野次は消えていた。

この試合をリングサイドで観戦していた小説家のジャック・ロンドンは、こんな報告記事を書いた。

「この男は何者だ、笑顔を見せるこの男は。この試合を物語にたとえるなら、笑顔の物語だ。疲れを見せず笑顔で勝利を収める男がいるならば、今日のジョンソンがまさにそうだ」

私たちもジョンソンのようになれる。そうなろうと努力すればなれる、と言ったほうがいいかもしれない。私たちはそれぞれ、何らかの障害と戦っているわけだが、笑顔で頑張り通すことで相手をまいらせることができるのだ（私たちをいらつかせようとする邪魔者を、逆にいらつかせることができる）。私たちはエジソンにだってなれる。工場が火事に遭っても、運命を呪わず、壮大なシーンを楽しめばいい。そして次の日にはさっそく、復活への歩みを始めるのだ。すぐに反撃に転じよう。

君がぶつかっている障害はそこまで深刻でも厳しくもないかもしれない。でも、重大であることに変わりはないし、どのみち君の力の及ばないものだ。とるべき反応は一つしかない。笑顔だ。

ストア派の人々が自らに課している義務がある。どんな状況でも、悪い状況ならなおさら、明るく振るまうのだ。エジソンとジョンソンがどこでそれを知ったのかは謎だが、意識していたのは確かだ。

自分の力ではどうしようもできない物事について、じたばたしないことは一つの知恵である。落胆したり激昂したりするくらいなら、平然と受け入れてしまうほうがいい。

この技を理解し実践している人は少ない。しかもこれは、ほんの序の口にすぎない。何より大切なのは、自分の身に起きることを、どんな状況でも、どんなことでも愛することなのだ。

目標は、次のような気持ちになることだ。

×「これで構わない」
×「これでよかったのだと思おう」
○「最高だ」

だって、それが起こったということは、そうなる運命だったのであり、それが起こるべきときに起こったことは喜ばしい。ならば、それを最大限に活用しようと思うのが当然だ。

こんなふうに思えるようになったら、さっそく実行しよう。

自分の身に何が起きるかを選ぶことはできないが、それについてどう感じるかはいつだって選ぶことができる。それが分かっていて、明るい感情を選ばない人がどこにいるだろう？　私たちはどんなときも、自分の選択で、立派な振るまいをすることができる。起こるべくして起こったことなら、ニーチェのいうアモール・ファティ（運命愛）に従おう。

本当は何を期待していたかなんて考えても時間の無駄だ。前を向いてほくそ笑み、事態を受け入れよう。

ジョンソンとエジソンも、決して受け身ではなかった。やられっぱなしで苦境に耐えていたわけではないのだ。二人とも、自分の身に起きたことを受け入れた。歓迎したのだ。

そもそも望んでなどいなかったことに感謝を覚えるとは少し妙な話だ。でもよく目をこらせば、チャンスもメリットも苦境の中にちゃんと含まれている。苦境を克服することで、もっと強く、賢く、大きくなれる。だから、感謝の気持ちを後回しにする理由なんてない。あとになってやはり感謝しておくべきだったと悔やむくらいなら、その気持ちが起きたときに感謝しておこう。どの道そうするしかないのだから。

愛が大事なのは、すべての燃料になるからだ。燃料とはあればうれしいというものではなく、絶対に必要なものだ。燃料がなければどこへも行けない。誰だって、何だってそうだ。だから感謝の心を忘れないようにしよう。

良いもののほうが悪いものより価値があることは言うまでもない。そしてその良いものとは、いつでもタダで、何の犠牲も払わずに手に入るのだ。悪い状況に陥ったとき、最初は絶望的に思えても、やがてそこに含まれた良い面が見えてくるはずだ。絶対に！

ならば、それを探し出そう。そうすれば、いつも楽しい気分でいられるではないか。

PERSEVERANCE

堅忍不抜《けんにんふばつ》の精神を発揮する

「皆さん、この作戦に対して、私は決意を固めています。もう一度言います。私はこの作戦に向けて、決意を固くしているのです」

ウィンストン・チャーチル

ギリシャ神話の英雄オデュッセウスは、トロイでの一〇年におよぶ戦争を終え、祖国イタケへの帰途についた。そのときはまさか、それからさらに一〇年の旅を強いられるとは思いもしなかった。妻や幼い息子の待つ祖国まであと少しというところまで来て、引き戻されてしまったのだ。

嵐、悪魔の誘惑、一つ目の巨人族、死の渦潮、六つの頭を持つ怪物……次々に苦難に見舞われた。七年間とらわれの身となり、海神ポセイドンの怒りも買った。ようやく祖国に帰れたと思えば、ライバルたちが思うままにのさばり、王国と妻を奪おうと画策していた。

オデュッセウスはどうやって切り抜けたのだろう？　こんな目に遭っても帰国を果たせたわけは？　もちろん、知恵を働かせた。それから抜け目なく立ち振るまい、指導力を発揮し、自己を律し、勇敢に戦った。

でも彼には何にもまして、堅忍不抜《けんにんふばつ》の精神があった。

すでに述べたように、グラント将軍はビックスバーグを攻めあぐねていたとき、何か策はないかと知恵を絞った末、大胆に川を渡ってビックスバーグを攻略した。これは「不屈の精神」だ。オデュッセウスがトロイ城の門前で足踏みを迫られ、あらゆる手を試した末にトロイの木馬を思いつき、城を陥落したのがまさにその例だ。不屈の精神とは、一つの問題に全力を傾け、最後までやり抜くことだ。

だが、一〇年におよぶ試練と苦難の航海となるとどうだろう。絶望せず、過ちを犯してもくじけない。日々、忍耐を試されながら、一歩ずつ祖国への旅を続ける。やっと帰国を果たしたと思えば、ここでも問題が山積みだ。鉄の心をもって、神様がお決めになった罰ならどんなものでも耐える覚悟で、勇敢に根気強く取り組み、祖国へ帰還する――そんなことができるものだろうか？　これは不屈の精神というだけではすまない。堅忍不抜の精神とでもいうべきものだ。

不屈の精神というのが、困難な問題を解決しようと決然と攻め立て、粘り強く続けて、ついには突破口を開くことだとすれば、不屈さを備えた人はたくさんいる。だが堅忍不抜の精神というのはもっと大きなものだ。長丁場なのである。一ラウンドでは終わらず、二ラウンド、そのまた次のラウンドと、戦いに次ぐ戦いを最後まで続けるのだ。

ドイツ語にもそれを表す言葉がある。「Sitzfleisch」といい、根気のことだ。石の上にも三年、思いを遂げるまであきらめないことである。

人生とは一つの障害ではなく、たくさんの障害からなっている。私たちに必要なのは、近視眼的に問題の一面だけに目を注ぐことではない。自分が行くべき場所へなんとしてでもたどり着く、何があっても歩みを止めないという決意が必要なのである。

目的地へたどり着くまでには、さまざまな障害を乗り越えていかねばならない。人生は障害だらけなのだ。不屈の精神は前に進む行動を表す。堅忍不抜の精神は耐える意志を表す。前者は情熱を、後者は根気を意味している。

アルフレッド・テニスンの詩の一節を引用しよう。

歳月と運命によって弱くなったとはいえ、意志の力に衰えはない

屈服することなく、努力し、探し求めよう

不屈の精神と、堅忍不抜の精神をあわせ持てということだ。

人類の歴史を振り返ると、私たち一人ひとりを、もしくは集団全体を苦しめる、果てしないように思える問題を打開するために、さまざまな方法が考えられてきた。それは技術革新のこともあれば、暴力の行使のこともあり、それまでのやり方を抜本的に変えてしまう新しい考え方のこともあった。

そうした例ならたくさん目にしてきた。だが全体を通してみると、ある一つの方法が、ほかのどれよりも有効であり確実であった。良い状況でも悪い状況でも、危険な状況でも絶望的に思える状況でも、必ず役に立つ方法だ。

マゼランの世界周航に同行したアントニオ・ピガフェッタは、マゼランの最も尊敬に値する能力は何か、と問われ、何と答えたか考えてみてほしい。航海術とはまったく関係がない。ピガフェッタによれば、マゼランの成功の秘密は、誰よりも飢えに耐える力があったということである。

この世界では、客観的に見て明らかに外的要因のために失敗する例よりも、意志がくじけて失敗する例のほうがずっと多いのだ。

堅忍不抜。目的意識。不動の決意。こうした気質は、かつてはアメリカ人のＤＮＡにしっかり刻み込まれていたが、いつの間にか目立たなく弱いものになってしまった。詩人・思想家のエマソンは一八四一年にこんな文章を書いている。

若い男性が、初めて取り組んだ事業が失敗に終わると、すっかり落ち込んでしまう。若い商人が失敗すれば、世間からは破滅したと言われる。才気あふれる若者がどこかの大学で学び、卒業後一年以内にボストンかニューヨークの市内か郊外で定職に就けなければ、友人たちから、きっと落胆して人生を呪っているんだろうと言われるし、自分でもそう思えてくる。

今の私や君を見て、エマソンはなんと言うだろうか？

アメリカでは、私たち若い世代はたいてい、大学を卒業すると親元へ帰る。この世代は失業率が全米平均の二倍に達する。ミシガン大学が二〇〇一年に実施した調査によれば、大学を出てから面倒くさがって車の免許をとろうとしない人が大勢いるという。「道路は車でいっぱいで塞がっているから」と言うのだ。「どうせ使えない免許をとって何になる？」と。

私たちは思いどおりにいかないと、すぐに泣き言を言い、不平を並べ、ふさぎ込む。自分たちに「約束されたはずの」ものが反故《ほご》にされると、打ちのめされてしまう。もうその道は絶たれてしまったとでもいうように。そのくせ大した努力もせず、家にじっとこもってテレビゲームをしたり、旅行に出かけたり、ひどい場合は新たに授業料を払って学校に通い直し、さらにローンを抱え込む。借金が増えるだけなのに。そして、どうして一向に事態が好転しないのかといぶかるのだ。

エマソンはそれと逆の例を挙げている。私たちも見習ったほうがいい。エマソンがたたえているのは、一つのことだけを試みず、あらゆる職業に挑戦する者だ。「組合を作ったり、畑を耕したり、行商人をしたり、学校を経営したり、牧師となって説教をしたり、新聞を編集したり、議員になったり、土地の投機をしたり、その他いろいろな仕事に長年にわたって挑戦し続ける者は、たとえ転んでもうまく切り抜けられる」と。

これこそ堅忍不抜というものだ。またエマソンはこうも言っている。「自分を信頼すれば、新たな力が湧いてくるはずだ」。堅忍不抜な生き方を貫くことの良い点は、死なないかぎり誰にも止められないことだ。ベートーヴェンも言うように、「大志ある若者や勤勉な人間の前に『ここから先は進入禁止』の柵は立てられない」。

私たちは道を迂回してもいいし、行き詰まっても、後戻りしてもいい。敗北したからといって勢いがそがれてしまうとはかぎらない。それは心の持ちようだ。ある方向への歩みが止められてしまったとしても、固い決意があれば、足を止めずに前へ進み続けることができる。

私たちの行動が束縛を受けることはあっても、意志が縛られることはあり得ない。確かに、私たちの計画が（ときには肉体が）壊れてしまうことはある。でも、私たちの信念はどうだろう？　何度壁にはね返されても立ち向かう意志をもち続けることはできる。もちろん別のルートを試してみてもいい。少なくともこの現実を受け入れて、新しい目標を定めることはできるはずだ。

決意というものを考えるなら、これを打ち負かすことはできない。チャーチルの口癖だったＫＢＯ（Keep Buggering On＝前へ進み続けろ）に従うのを妨げるものは、死だけだ。

絶望的だって？　それは君の責任だ。途中で投げ出しても、ほかの人を責めることはできない。障害そのものや、その障害を設けた人々に対しては自分のコントロールが及ばない。でも自分自身のことはコントロールできる。それで十分だ。

ならば、決意にとって真の脅威とは外部の出来事ではなく、ほかならぬ自分自身だということになる。自分自身を最大の敵にしたいだろうか？

どんな困難にも屈せず、耐え抜こう。

SOMETHING BIGGER THAN YOURSELF

自分より大きな存在を受け入れる

人間の仕事は、世界をもっと住みやすい場所にすることだ、力の限りを尽くして――成果は限りなく少ないことを心して。そして、自分の魂に従いながら。

リロイ・パーシー（元アメリカ上院議員）

アメリカ海軍のパイロット、ジェームズ・ストックデールは一九六五年、北ベトナムで任務飛行中に撃墜された。機体からパラシュートで脱出してふわふわと地上へ降りてゆくなか、その数分間に、ストックデールはこれから地上で待ち受けている事態に思いを巡らせた。捕虜にされる？　間違いない。拷問を受ける？　おそらく。殺される？　ひょっとしたら。それがいつまで続くか、また祖国に戻り家族と再会できる日はくるのか、まったく分からなかった。

だが地上に降りた瞬間、考えごとはぴたっとやめた。自分のことを考えるのはやめようと思った。ストックデールは、自分にはなすべきことがあると気づいたのだ。

それより一〇年前の朝鮮戦争では、個々人の自衛本能がその醜い面をさらけ出した。劣悪な環境の凍えるような捕虜収容所は、アメリカ兵にはかなりこたえた。死への恐怖からアメリカ兵の生存本能が暴走し、しまいには仲間同士で戦い始め、死者まで出た。生き残りたい一心で我を忘れ、自分たちを捕虜にとっている敵と戦い、生き残りや逃亡をはかるという道を捨ててしまったのだ。

ストックデール（当時、指揮官の一人だった）は、これまで北ベトナムで捕虜になったアメリカ海軍の軍人の中で、自分が最も階級が高いことを知っていた。だから、もはや自分の運命はどうにもならないと覚悟していた。だが指揮官である自分には、ほかの捕虜たち（のちに上院議員から共和党の大統領候補になり、民主党のオバマに負けることになるジョン・マケインもいた）を統率し、支え、導くことができる。そうすれば歴史を繰り返させず、朝鮮戦争のような事態を避けることができる。それが自分の使命だ。部下を助け、導こう――そう決意した。そしてストックデールは本当に、七年以上にわたってその決意を貫き通した。しかもそのうち二年は、鉄の足かせをはめられて独房で過ごした。

ストックデールが指揮官としての己の義務を軽く考えていたわけではない。一度など自殺を試みるところまでいった。自分の苦しみを終わらせるためではなく、看守たちにメッセージを送るためだった。この戦争に命を捧げた兵士たちはたくさんいた。ストックデールは犠牲になった兵士たちの名を汚すまいと決意しており、皆の思いを踏みにじるような形で自分が利用されることを許さなかった。自分の意志に反して仲間を傷つけ損なうことに加担するくらいなら、自分の手で自分を傷つけることを選んだ。どんな身体的拷問で脅しつけられても屈しないことを、ストックデールは身をもって証明したのだ。

とはいえ、ストックデールだって人間だ。そしてストックデールは、部下たちもそうであることを理解していた。ストックデールが真っ先にしたことは、兵士が何時間も、情報を吐かせるための拷問に遭ったときどうすべきかという理想論を捨てることだった。そのために、収容所内で互いに助け合うネットワークをつくった。それはとりわけ、拷問に屈してしまったことを恥じている兵士を支えるためだった。「俺たちは仲間だ」と、ストックデールは部下たちに言った。さらに、こんな合い言葉を決めた――「U．S．」(Unity over Self＝自分より仲間を)。

ストックデールのすぐそばの房に入っていたジョン・マケインも、基本的にストックデールと同じように振るまい、また同じ理由から、言語に絶する拷問にも耐えることができた。名門軍人一族であるマケイン家の家名に泥を塗り、さらにはアメリカを愚弄するために、ベトコンは何度もマケインに「解放して祖国へ帰してやろう」と持ちかけたが、マケインは決して受け入れなかった。もちろん帰りたい気持ちはあったが、大義を汚したくなかった。マケインは自分の意志でとどまり、拷問を受けた。

ストックデールもマケインも、盲目的に大義を信じていたわけではない。一人の人間として、ベトナムでの戦争に疑問を抱いていたのは確かだ。だが彼らにとっての大義とは、仲間たちだった。一緒に捕らえられている仲間のことを気にかけ、皆の幸福を第一に考えたからこそ、どんな困難にも耐えることができたのだ。

幸いにも近い将来、君が捕虜収容所に入れられることはないだろう。それでも、私たちも厳しい経済状況に置かれている。お先真っ暗に思えるときもあるほどだ。

君はまだ若いし、こんなことになったのはもちろん君のせいじゃない。私たちは皆、巻き込まれてしまったのだ。でもそんなふうに考えても自暴自棄になるだけだ。もちろん他人のことを考える余裕なんてなくなってしまう。ひそかにこんなふうに考えていないだろうか。「ほかの奴らなんてどうでもいい。手遅れになる前に自分の取り分だけは確保しておかなくては」。

君がいるコミュニティ（とされているところ）のリーダー連中を見れば分かる。状況が危うくなると、奴らはまさにこんな考え方をする。君のことなんて気にかけやしない。でもそんな連中のことは無視しよう。こんなときだからこそ、私たちの中にある真の意志の強さを示さなければいけない。

アーティストでミュージシャンのヘンリー・ロリンズは数年前、金融危機のまっただ中でこんなメッセージを発表した。過去数千年のどんな宗教教義よりも、深く、的確に、人間の義務というものを表現している。

皆、絶望しかけている。人々は君に、一番良い面は見せてくれないかもしれない。それでも、自分がなりたくない人間に、自分をおとしめてはいけないんだ、絶対に。倫理と市民性の背骨を鍛えるのに、今ほど良い時はない。一人の人間として、一市民としてどうあるべきか、それを見つめ直す良い機会だ。君たち若者がヒーローになれる絶好の機会なんだ。

自分を犠牲にしろと言っているのではない。他者に目を向けて力になろうと、あるいは単に模範になろうと努めれば、自分個人の恐れや悩みなど気にならなくなる。恐れや心痛が一番の関心事ではなくなるのは、そんなことにかまける時間はないからだ。皆と共通の目的意識をもつことで私たちは強くなれる。

原則を曲げたり妥協したりしそうになると、急にそれが自分勝手に思えてくる。そのせいで苦しむ人々のことが気にかかるのだ。障害にぶつかると、さまざまな反応が引き起こされるが――退屈、怒り、不満、混乱――自分がそんなふうに感じるからといって、ほかの人々にもそんな気持ちを味わわせていいということではない。

何か手に負えない問題に苦しんでいるとき、活路を見いだし新境地を開くためには、次のように考えるといい。「自分ではこれを解決できないとしても、少なくともほかの人々のために、これを改善することはできないだろうか?」。ちょっと考えれば分かるが、自分のために何もできないからといって、ほかの人々のために何もできないわけではない。どうすればこの状況を、他者のために役立てられるだろうか? どうすればここから何かプラスを引き出せるだろうか? 「自分のためではなくても、家族のため、部下のため、さらには、のちのち似たような状況に置かれるかもしれない人々のために」と。

誰の助けにもならない考え方とは、どんな状況でも、自分一人の問題に帰してしまうことだ。「どうして私がこんな目に遭うのか? これから私はどうしたらいいのか?」。

他者のために頑張ろうと決意すると、心の霧が一気に晴れてびっくりすると思う。君にもやるべきことができたのだ。ストックデールのように、使命ができたのだ。五里霧中のなか、君に下った進撃命令を遂行すればいい。

自分のことばかり考えて、自分の首を絞めるのはもうやめよう。何かが起きるたびに「私が……」と考えるのは大変危険だ――「私が~をやった。私はとても優秀だ。私には~がある。私には~みたいなつまらないことはふさわしくない」。何らかの失敗や痛手に際して、君がそれを個人的に受け止めようが、孤独を感じようが別に不思議はないが、自分の役割や重要性を過大視していることに変わりはない。

ストックデールの言葉を思い出そう。「自分より仲間を《Unity over Self》」「俺たちは仲間だ」。

たとえこの重荷を最後まで運べなくても、やれるところまでやることはできる。他者のために力を尽くそう。他者を助けることが自分を助けることにもなる。だから、他者に尽くせば尽くすほどますますその気持ちが強くなるし、意義も見いだせるようになる。

君が今、どんな問題をくぐり抜けているにせよ、行く手にどんな障害が立ちはだかっているにせよ、自分ではなく他者のことを考えれば、それを力の源泉に変えることができる。自分以外にも苦しんでいる人がいるのであり、そうした人たちに目を注いでいれば、自分のことなど考える時間はなくなる。プライドは折れることがある。タフになるにも限度がある。でも、他者を助けたいという願いは？どれほど厳しい状況に陥っても、どんな損失を被っても、どんな罠に陥っても、他者への共感を抱くことはできるはずだ。思いやりの心はいつでももてる。仲間意識もそうだ。これは意志の力であり、自分から放棄しないかぎり絶対に奪われることがない。

自分が今陥っている状況が、何か特別なことであるとか不公平なことであるというふりはしないこと。君がどんな問題を抱えていて、それがどれだけ厄介なものであっても、何も君のために特別に選ばれた不幸というわけではない。ただそれが起こった、というだけのことだ。

このような近視眼的な見方をすると、自分がまるで宇宙の中心にいるような錯覚に陥ってしまう。でも本当は、世界は私たち一人ひとりの個人的な経験を超えて広がっており、自分よりもひどい状況に対処した人々がたくさんいるのだ。私たちはただ存在するだけで、自分が何か特別なユニークな存在だと思い込んでいるが、そうではない。私たちは皆、人生のさまざまな地点で、気まぐれでしばしば理解不能な出来事に遭遇し、振り回されているだけなのだ。

このことを折にふれて思い出すのも、利己心を捨てるのに効果がある。

一〇年前、一〇〇年前、一〇〇〇年前にも、君と似た誰かが、今君がいる場所に立ち、同じようなことを感じて、同じような悩みと闘っていた。彼らには、遠い未来に君が存在することなど知るよしもなかったが、君は彼らが存在したことを知っている。そして今から一世紀も先には、また誰かが今の君と同じ場所にいるのだろう。

この力を、自分が大きな存在の一部であるという感覚を受け入れよう。そう考えると胸がワクワクしてくる。大きな力に抱かれよう。私たちはしょせん、人間にすぎないのだから……自分にできることを精一杯やればいい。私たちはただ、生き残るために必死で頑張って、それによって、この世界が少しでも前に進んでいけばいい。

人間同士、ほかの仲間たちを助け、共に栄え、生き残ろう。やがてこの宇宙に飲み込まれてしまう前に、少しでも自分なりの貢献をして、それを喜ぼう。他者に手を差し伸べよう。他者のために生きれば、君はもっと強くなれる。

MEDITATE ON YOUR MORTALITY

いつか死ぬことを考える

自分が二週間以内に絞首刑になると知ることほど、人の集中力を高めるものはない。
ジョンソン博士（イギリスの文学者・辞書編集者）

一五六九年、ミシェル・ド・モンテーニュという名のフランス人貴族が、疾走する馬から振り落とされ、危篤状態に陥った。

友人たちの手で、ぐにゃぐにゃになった血まみれの体を家まで運ばれながら、モンテーニュは自分の体から命がすり抜けていくのを感じていた。といっても、心的外傷のようにはっきりと頭に刻まれたというよりは、あくまでおぼろげな記憶なのであるが、まるで「口の先っぽ」で魂が踊っているようであったという。最後の瞬間になって、モンテーニュは息を吹き返した。

この希有な体験を境に、モンテーニュの人生は一変した。数年後には、ヨーロッパで最も有名な作家の一人になっていた。この事故のあと、モンテーニュは随想録を書いて人気を博し、市長を二期務め、名士として各国を旅行し、王の相談相手にもなった。

昔からよくある話だ。男が死にかけ、それまでの人生が走馬灯のように駆けめぐる。こちらの世界に帰ってきた男は、まったく別人と言っていいほどの、いい人間になっている。

モンテーニュの場合もそうだった。死を間近に体験したことで、かえって力が湧き、好奇心旺盛になった。もはや、死は恐れるべきものではなくなった。その目でしかと見たことで、気が楽になり、前より元気になったほどだ。

どうせ死ぬのなら人生なんて無意味だ、ということではない。むしろ、いつか死ぬ運命だからこそ、人生は意味あるものになるのだ。幸い、死にかける目に遭わなくても、このエネルギーを活用することはできる。

モンテーニュの随想録を読むと分かるように、人は、自分がいつか死ぬことを十分に承知しながら、憂鬱にもならず、思い悩みもせずに、死と向き合うことができる。実際モンテーニュは臨死体験のおかげで、比類ないほどの陽気さで自分自身の存在と折り合いをつけることができ、それから先ずっと、晴れ晴れした気持ちと幸福感に包まれて生きていくことができた。これは励まされる話だ。私たち人間が、明日も分からないはかない存在であるという事実を受け入れることで、心が晴れやかになり、力が湧いてくるということなのだから。

死への恐れは、私たちの人生にのしかかる障害である。それは私たちの決断を、見通しを、行動を左右する。

一方モンテーニュにとって、死とは障害などではなかった。その後の生涯ずっと、あの事件について考え、書きつづり、死にかけた瞬間をできるだけ再現しようとした。モンテーニュは死について研究し、論じ、ほかの文化における死のとらえ方まで調べた。たとえばモンテーニュはあるとき、古代の酒席の余興について書いている。それによれば、参加者は順番に、棺の中に死体が横たわる絵を掲げて、乾杯の挨拶をいう。「死んだら皆こうなることを祝って、乾杯!」と。

シェイクスピアも『テンペスト』の中で、自分自身も年をとりつつあるなか、こう書いた。「頭に浮かぶことといえば、自分の墓のことばかり」。

どんな文化でもこの教訓を独自の形で伝えている。ローマ人の場合は、「メメント・モリ(死を想え)」という戒めの言葉があった。自分が死すべき存在であることを忘れてはいけない。

私たちがこのことを忘れているとか、思い出す必要があるというのは奇妙に思えるが、事実そうなのだ。

私たちがそこまで死を受け入れるのに抵抗があるのは、一つには自分自身という存在との関係が混乱しているからだ。口には出さなくても、その行動や振るまいを見るかぎり、心の奥底では自分が無敵であるかのように思っている。まるで、死すべき運命という誰も避けられない試練に、自分だけは無縁であるかのように。「そういうことはほかの人には起きても、私には起きない。私にはたっぷり時間がある」とでも言うかのように。

私たちは、どれほど頼りない力で生につなぎとめられているのかを忘れているのだ。生涯でなければ、どうでもいいことにいつまでもこだわったり、有名になろうと必死になったり、これで使えきれないほどのお金を稼ごうとしたり、遠い未来の計画を立てたりしないはずだ。どれも、死ねば無に帰してしまう。皆がこんなふうに行動するのは、死が私たちに何ら影響を及ぼさないと思っているからだ。少なくとも、自分が死にたくないときに死ぬかもしれないなんてことは考えていない。でもイギリスの詩人トーマス・グレイが言ったように、「栄光の道も行き着く先は墓場」なのである。

その人が誰であるか、やり残したことがどれだけあるかは関係ない。ある日どこかで、大金をもらった男に殺されるかもしれない。それとも、麻薬で頭がおかしくなった男の気まぐれで、あるいは、君が邪魔だという理由だけで、殺されることもあるかもしれない。交差点で車にひかれて、お陀仏になるかもしれない。それでおしまいだ。全部終わる。今日か明日そうなるかもしれないし、近い将来かもしれない。

次の質問はおなじみだと思う。「医者から癌を宣告されたら、どんなふうに生き方を変えますか？」。

皆、質問に答えたあと、気を落ち着けるために決まってこううそぶく。「でも本当に癌になったわけじゃないから」。

でも本当にそうだろうか。この宣告は誰にとっても避けられないものだ。死の判決はもう下っている。刻々と、私たちが明日も生きられる可能性は減っていく。死はこちらへ向かってきており、それを止めることは誰にもできない。心の準備をしてその日が来るのを待つしかないのだ。

本書ですでに紹介した、依存症の克服に使われる「ニーバーの祈り」によれば、自分の力で変えられるものについては、全身全霊を傾ける価値がある。だが、死とはそういうものではない。私たちがどれだけ長生きしても、どんな人生を送ろうとも、死ぬ運命を変えることはできない。死は確実に私たちから生を奪っていく。

ただ、同時にこうも言える。己の死すべき運命を意識し、深く考えることで初めて、正しく世界を見ることができるようになり、時間が有限であることを理解できるのだ、と。何も落ち込むことはない。死とはむしろ力を与えてくれるものなのだから。

これが真実である以上、この力を活用しない手はない。自分がいつか死ぬことを否定せず、ましてや恐れず、受け入れよう。

毎日、自分が死すべき存在であることを思い出せば、それまでの時間が贈り物だと感じられる。終わりの時を意識する者は、不可能なことに挑戦したりしないし、本当はこうだったらいいのにと不平を並べて時間を無駄に過ごしたりもしない。

そのような人は、自分がすべきことを理解して実行し、時間切れになる前になんとか間に合わせようとする。いつかその瞬間が訪れるのは分かっているから、そのときが来ても、穏やかにこう言う。「もちろんもっと長生きしたかったけど、これまで与えられたもので精一杯やったから、これで十分だ」と。疑いようもなく死とは、私たちにとって最も普遍的な障害である。そして、最も手の打ちようがない障害でもある。せいぜい死期が遅れるようにと願うしかない。それがかなったとしても、結局いつかは死に屈することになる。

でも言うまでもなく、生きている人間にとって死が無価値であるわけではない。死の影があるおかげで、人生における優先順位をつけやすくなるのだ。死とは、優しくありがたいもので、生きる指針となってくれる。そのおかげで、あらゆるものが正しい場所に落ち着くのだ。それなのに、私たちはなぜ間違ったことをするのだろう？　なぜ恐れるのだろう？　なぜ、自分自身や周りの人をがっかりさせるような真似をするのだろう？　人生はすぐにでも終わるかもしれないというのに……。死は、私たちに、正しく生きたほうがよいと諭《さと》してくれるのだ。

私たちは考え方を修正すれば、死というもの――謙虚に受け入れざるを得ない人生の究極の事実――と折り合いをつけることができる。死以上に情け容赦がないものはほかにはないと分かって、安堵するのだ。

そして、死という究極の運命自体にも良い点があるのなら、人生で出合うほかのさまざまな障害にもメリットがあると考えるのが自然ではないだろうか？

PREPARE TO START AGAIN

再び始める準備をする

恩恵に感謝せよ、運命の女神は君に微笑んだ。
だが、一つ試練を乗り越えた者に、運命の女神はまた次の試練を要求してくる。

ウェルギリウス（古代ローマの詩人）

自然の偉大な法則によれば、万物は流転する。何事も終わりはないのだ。一つ障害を切り抜けたと思ったら、もう次の障害が現れる。

でも、だからこそ人生は面白い。そしてそういう目で見始めると、チャンスが生まれてくる。

人生とは、いくつもの障害を切り抜けていくプロセスである。戦いにたとえるなら、守備を固めた敵の前線を次々に突破していくのだ。

そのたびに何か学ぶことがある。そのたびに力や知恵、ものの見方が鍛えられる。そのたびに戦うべきものが一つ減る。そしてそれを全部くぐり抜けた先に、理想の姿の君が立っている。

ハイチのことわざにあるように、「山の向こうにはまた山がある」。

理想郷というのはしょせんおとぎ話だ。障害を乗り越えずに、障害のない地にたどり着くことはできない。

君が何かを成し遂げるほど、もっと多くのものが行く手に立ちはだかる。常にもっと大きな障害が、大きな試練が待っている。常に苦しい戦いを迫られるだろう。それに慣れ、戦い抜けるように自分を鍛えよう。

人生はマラソンであって短距離走ではないことを知っておこう。エネルギーをためておくのだ。一つひとつの戦いは無数の戦いの一つにすぎない。一つの戦いをうまく切り抜ければ、次の戦いはもっと楽になる。何より大事なのは、いつもゴールを見据えて戦い続けることだ。

一つの障害を乗り越えたということは、君にそれだけの力があるということだ。君に受けて立つ力があることが分かると、世界は次の障害を君にぶつけてくるだろう。素晴らしいことだ。障害に取り組むたびに成長できるのだから。

大事なことは、決して動揺しないこと。慌てないこと。いつも知恵を働かせ、頑張って行動すること。何事も慎重にやること。不可能なことに手を出さないこと。でも、それ以外は全部挑戦すること。

人生でどんな障害にぶつかっても、それに負けずに、いやむしろ感謝して、自分を成長させよう。

そうやって障害をひっくり返そう。

だから、もう恐れることはない。ワクワクしながら、笑顔で元気に、次のラウンドを心待ちにしよう。

FINAL THOUGHTS　The Obstacle Becomes the Way.

終わりに ── 障害は道となる

マルクス・アウレリウスはその治世の晩年、病気を患い、ひょっとしたら死の床にあったかもしれないが、驚くべき知らせが舞い込んだ。古くからの友人で最も頼りにしていた将軍、アウィディウス・カッシウスが任地シリアで反乱を起こしたのだ。皇帝が健康を害し死んだ可能性もあると伝え聞き、野心に燃える将軍は我こそローマ皇帝であると宣言し、皇位を奪おうと決意した。

アウレリウスはさぞかし腹を立てたことだろう。もしアウレリウスが復讐を望んだとしても、後世の誰もとがめなかっただろう。裏切りを犯し、自分と家族の命と、自分の築いた遺産を脅かさんとする男を倒すのだから。ところがアウレリウスは何もしなかった。このニュースを配下の兵士たちには隠しておいたほどだ。もし兵士たちがそれを知ったら、アウレリウスのために怒り、報復に動いてしまうかもしれないからだ。しばらく待てばカッシウスも正気に戻るだろう。アウレリウスはそう考えた。

ところが、カッシウスは悔い改めなかった。やむを得ずアウレリウスは兵士たちを招集し、一堂に集めた場で、ちょっとあり得ないような発表を行った。これから反乱者カッシウスを倒しに向かい、「戦果」を得に行く。だがもちろん、そこはアウレリウスのことだ。この戦果は常識とはまるで違うものだった。

一行はカッシウスを捕えはするが、殺しはしない。代わりに「過ちを犯した者を許し、友情を踏みにじった者を変わらず友人として扱い、信頼を破った者を信頼し続ける」と言うのだ。

アウレリウスは自制心を失っていなかった。怒りもせず、敵を軽蔑もせず、汚い言葉も吐かず、事態を個人的に受け止めもしなかった。そして毅然とした態度で正しい行動をとった。兵士たちに指示を出し、まずローマに戻って混乱する群集を鎮めさせた。それから、なすべきこと——帝国を守り脅威を鎮めること——をさせたのだ。

アウレリウスは兵士たちにこう言った。望みもしないこの恐ろしい状況に何か救いがあるとすれば、「この事態をうまく処理し、全人類に、内乱でさえも正しく対処する道はあるということを示すことだ」と。

障害は道となる。

もちろん、世の常として、どんなによかれと思った計画でも外部から邪魔が入ることがある。反乱から三カ月後、一人の暗殺者がエジプトでカッシウスの命を絶ったことで、二人の運命は一変した。自らの帝国を築くカッシウスの夢はこの瞬間に消えた。一人の人間として裏切り者を許したいというアウレリウスの夢もついえた。

しかしこの出来事でさえも、もっと良い機会をもたらしてくれた。もっと大きなスケールで許しの精神を実践する機会を与えてくれたのだ。ストア派では火のたとえを好んで使うが、アウレリウスも一度、日誌にこう書いている。「赤々と燃える火は、投げ入れられたものをたちまち捕らえ、焼き尽くし、まさにそれを糧として一層高く燃え上がる」。

ライバルが予期せぬ死を遂げ、アウレリウスが寛大な心で許す機会を奪われてしまったこと自体、この比喩を体現している。アウレリウスは、今度は反乱に関わった者をほとんど全員許そうとした。アウレリウスは何一つ個人的なこととして受け止めなかった。ただ、もっと良い人間、良い指導者になろうとしたのだ。

カッシウスの死後、間もなく現地入りしたアウレリウスは、共謀者を誰も死刑にしようとしなかった。反乱を認めたり支持を表明したりした元老院議員や州知事を誰も処罰しようとしなかった。ほかの元老院議員から、反乱に関わった議員を死刑にするよう求める声が上がると、アウレリウスは簡単な返事を書いた。「元老院の皆様、どうか私の治世をいかなる議員の血でも染めないようお願い申し上げます」。

障害は道となり、さらにまた新たな道が開かれる。

永遠に、ずっとずっと続いていく。

もちろん近いうちに誰かが、私たちの王座を狙って武装蜂起するなんてあり得ない。でも、辛辣な物言いをしてくる人はいるだろう。道路で割り込みをしてくる人もいるだろう。ライバルに不当に仕事を奪われることもあるだろう。私たちは傷つけられるだろう。なんだか分からない力に行く手を阻まれるだろう。悪いことが起きるだろう。

私たちはこれを全部、有利に活用することができる、いつだって。

これはチャンスなのだ、いつだって。

でもアウレリウスのように、権力欲にとりつかれた誰かのせいで、自分が模範となって許しを実践するしかなくなってしまったら？　それも、なかなか悪くない。

もうお気づきのように、これは本書で紹介したどの話にも共通するパターンである。

何かが誰かの行く手を阻む。その誰かはそれをじっと見据え、たじろぎも怖じ気づきもしない。自分の問題や弱さや課題に立ち向かい、心と体の両面で全力でぶつかっていく。いつも意図したとおりに、予期したとおりに壁を乗り越えられるとはかぎらないが、それを乗り越えたときには前よりも強く大きく成長する。

道を阻んでいたものが、道を示してくれたのだ。何らかの形で行動を阻んでいたものが、行動を促してくれたのだ。

実に勇気づけられる、胸を打つ話だ。私たちの生活にもぜひ取り入れたい技だ。

君や私がふだん直面するような障害について、絶望視する人ばかりではない。むしろ反対の見方をする人もいる。彼らは問題から目をそらさず、即座に解決をはかろうとする。自分を試し成長するチャンスだととらえるのだ。

彼らの行く手を阻むものなど何もない。むしろ、どんなものも彼らの導き手となるのだ。

こんなふうに生きたほうがずっと良いと思うが、どうだろう？　軽やかで柔軟なこのやり方は、私たちが、ほとんどの人が選ぶ生き方とは全然違う。私たちときたら、失望し、憤慨し、不満ばかりだ。人生で起こる「悪い」出来事を、後悔の念ではなく感謝の念をもって見ればいい。惨事は恩恵へ、敗北は勝利へと変わるからだ。

運命について宿命論的に考える必要はない。それは宿命ともいえるし、自由に選べるともいえるのだ。本書で紹介した偉人たちは皆、特別な学校に通ったわけではない（古来の知恵であるストア哲学に慣れ親しんでいた者が多いのは確かだが）。だから彼らのしたことで何一つ、私たちの手に届かないものはない。どちらかといえば彼らは、誰もが内に秘めている力を解き放ったのだといえる。逆境という坩堝《るつぼ》の中で試され、試練という炉の中で鍛えられたことで、彼らは己の潜在的な力に気づいた。ものの見方、行動、意志という力である。

この三つの力を使って、彼らは――

まず、はっきりとものを見て
次に、正しく行動して
最後に、耐え抜いて、世界をありのままに受け入れた。

物事をありのままに見て、選択肢を残らず検討する。それから腹に力を入れて頑張り、変えられるはずのないものに変化を起こす。こうした努力は皆、互いに連動している。行動をすれば自信がついて、ネガティブな感情に負けなくなり、ものの見方をコントロールできるようになる。また行動することによって自分の意志を証明し、支えることができる。

哲学者で作家のナシーム・ニコラス・タレブはストア派をこう定義している。「恐れを思慮深さに、痛みを変化の力に、失敗をはじまりの契機に、願望を実行に変えることのできる人」と。このループは慣れれば慣れるほど楽になっていく。

もちろん、一度に全部やろうとは言わない。イギリスのマーガレット・サッチャー元首相だって「鉄の女」と呼ばれ有名になったのは、六〇歳になってからだ。ラテン語にこんな格言がある。Vires acquirit eundo（進むにつれ力が増す）。そのとおりだ。私たちもこれをモットーにしよう。

この三点——ものの見方、行動、意志——について鍛錬を重ね、習熟できれば、どんな障害でもくつがえせる技を手にしたことになる。どんな試練にも立ち向かえるのだ。

もちろん、これを読んだり口にしたりするだけでは足りない。この技を実践し、頭の中で何度も反芻し、それに従って行動しよう。無意識にできるようになるまで続けるのだ。

そして圧力や試練にさらされるたびに、私たちは成長する。一人の人間として、また指導者として、また思考する者として。そうした圧力や試練は必ずやってくる。それを止める手立てはない。

でも心配は無用だ。その備えはもうできているのだから。つまり、この人生で出合う障害や逆境に対処するすべを、君はもう知っている。障害を払いのけ、そこから恩恵を引き出すすべを。そのプロセスはもう理解したはずだ。

君はもう、ものの見方や印象をコントロールする技を身につけたのだ。ロックフェラーのように、圧力をかけられても冷静でいられ、侮辱されののしられても平然としていられる。最悪の状況でもチャンスを見つけることができる。

君はもう、自分の行動を正しく方向づけ、熱心に粘り強く取り組むことができる。デモステネスのように、君も自分自身に責任をもとう。自ら学び、不利な立場を乗り越え、この世界で君がいるべき場所でやるべき仕事をしよう。

君には鉄の背骨があり、強固な意志がある。リンカーンのように、君も人生が試練の場であることに気づいている。歩きやすい道ではないが、君には全力で立ち向かう覚悟ができている。粘り抜き、耐え抜き、他者のために働く覚悟ができている。

私たちが知らないだけで、こうした生き方を実践した人々は無数にいる。彼らは皆、同じ問題や障害に立ち向かった。そして、この哲学のおかげでうまく切り抜けることができた。人生で出合う障害を黙々と受け入れ、克服した。むしろ障害があったからこそ成長し、幸せをつかむことができたのだ。彼らは何も特別な存在ではない。彼らにできて私たちにできないものなど何もない。彼らのしたことは実にシンプルだ（しかし奥は深い）。ここでもう一度繰り返して、頭に刻み込もう。

物事をありのままに見る
自分にできることをする
耐えねばならないものは耐え、受け入れねばならないものは受け入れる

君の行く手を阻んでいたものが、今では道となっている
行動を阻んでいたものが、行動を促してくれる
障害に出合ったときこそ、道を切り開くチャンスだ

POSTSCRIPT　You're Now a Philosopher. Congratulations.

あとがき

——君はもう哲学者だ。おめでとう！

哲学者になるには、深遠な思考をするだけでは足りず、ましてや学校を見つけるだけでは足りず…
哲学とは、人生のさまざまな問題を解決することであり、それには理論だけでなく実践を伴わねばならない。

ヘンリー・デヴィッド・ソロー（アメリカの思想家・随筆家）

君はもう偉大な賢人たちの仲間入りをした。マルクス・アウレリウス、カトー、セネカ、トーマス・ジェファーソン、ジェームズ・ストックデール、エピクテトス、セオドア・ルーズベルト、ジョージ・ワシントン、等々。

ここで挙げた人たちがストア哲学を学び、実践していたことは明白だ。それは史実が証明している。皆、書斎の学者ではなく、行動の人だった。マルクス・アウレリウスは世界史上最も強大な帝国の皇帝だった。カトーは、多くの哲学者の道徳的模範でありながら、その生涯に一つの文章も書き残さなかったが、ストア派らしい勇敢さでローマの共和政を守るために戦い、最後は自害を遂げた。教師だったエピクテトスでさえも、居心地のいい終身在職権など持っていなかった。奴隷階級の出身だったからだ。

プロイセン王フリードリヒ二世（フリードリヒ大王）は馬に乗るとき鞍袋《くらぶくろ》にストア派の書物を入れていた。「苦難のときに支えになるから」と言っていたそうだ。政治家であり随筆家でもあるモンテーニュは、生涯の大半を過ごした書斎の梁にエピクテトスの一文を刻み込んでいた。ジョージ・ワシントンは一七歳のとき、近所の者からストア派の手ほどきを受けた。そして、独立戦争中のあのつらい冬に宿営地ヴァリーフォージで部下の兵士たちを鼓舞するため、カトーについての劇を上演した。

トーマス・ジェファーソンが死んだとき、ベッドサイドの小卓にはセネカの本が置かれていた。イギリスの経済学者アダム・スミスが考えついた世界の相関性についての理論――資本主義――は、学生時代に教師（マルクス・アウレリウスの作品を翻訳していた）から教わったストア哲学に強い影響を受けていた。ウジェーヌ・ドラクロワといえばフランスのロマン主義を代表する画家であるが（『民衆を導く自由の女神』で特に有名）、やはりストア派に傾倒しており、ストア哲学は「心をなぐさめてくれる」宗教だと語っていた。ハイチ独立運動の指導者トゥーサン・ルーヴェルチュールは奴隷から身を起こして皇帝に戦いを挑んだ男だが、エピクテトスの作品を読んで深い感銘を受けていた。政治思想家のジョン・スチュアート・ミルはその主著『自由論』でマルクス・アウレリウスとストア派について書き、「古代精神の最も優れた倫理的産物」と評した。

マーク・トウェインやH・L・メンケンと同時代のアメリカの作家であり、南北戦争で戦績を残したアンブローズ・ビアスは、自分に手紙を書いてきた作家志望者にセネカやマルクス・アウレリウス、エピクテトスを勧めていた。そして、それを読めば「神々の食卓にふさわしい客になる方法」が分かると言っていた。セオドア・ルーズベルトは大統領の職務から退いたあと、南米アマゾンの未開のジャングルを八カ月にわたって探検した（危うく死にかけた）が、その旅に携行した八冊の本の中に、マルクス・アウレリウスの『自省録』とエピクテトスの語録があった。

ベアトリス・ウェッブといえばイギリスの女性社会改革者にして労使間の団体交渉という概念を考案した人物だが、回顧録の中で『自省録』への愛情を語り、「献身のための手引き」だとたたえた。アメリカ南部のパーシー家といえば、政治家や作家を輩出し大農園も経営した名家で（上院議員のリロイ・パーシー、自伝『ランタンズ オン ザ レビー（Lanterns on the Levee）』を書いた弁護士で作家のウィリアム・アレクサンダー・パーシー、小説『映画狂時代』を書いた作家のウォーカー・パーシーなど）、一九二七年に起きたミシシッピ川の大洪水では救済活動に奔走し何千人もの命を救ったが、代々ストア派の作品を熱心に読んでいた。その一人がこう書いている。「すべてを失っても、これだけは揺るがない」。

銀行家で実業家、上院議員も務めたロバート・ハレ・イベス・ゴダードは一九〇八年にマルクス・アウレリウスの騎馬像をブラウン大学に寄贈した。それから八〇年後、ソビエトの詩人にして反体制的な思想で投獄もされたヨシフ・ブロツキーは、ローマにあるアウレリウスの同じ像のオリジナル版について有名な文章を書き、「『自省録』が古代の遺物だというのなら、われわれのほうこそ廃墟なのだ」と述べた。ブロツキーと同じくジェームズ・ストックデールもやはり自分の意志に反してとらわれの身となり、ベトコンの捕虜収容所で七年半を過ごした（その期間もブロツキーと同じだった）。ストックデールは撃墜された飛行機からパラシュートで脱出し、地上へ落下していきながら、自分にこう言い聞かせたという。「これから科学技術の世界を離れて、エピクテトスの世界へ入っていくのだ」。

こんにち、ビル・クリントンは毎年、マルクス・アウレリウスを読み直しているという。中国の温家宝元首相も、旅行に行くとき携行する二冊の本の一冊が『自省録』であり、生涯で一〇〇回以上読み返したという。ベストセラー作家であり投資家でもあるティモシー・フェリスは、ストア哲学を自分の「オペレーティング・システム」だと言っている。そして先人たちの伝統を引き継いで、シリコンバレーにストア哲学を広めることに成功している。

君は自分のことを「哲学者」だとは思っていないかもしれない。しかし、本書で紹介した偉人たちだって、自分のことをそんなふうには思っていなかった。でも、どんな定義に照らしても彼らは哲学者だった。そして君もその一人になった。君は行動の人になったのだ。ストア派の系譜は、偉人たちの人生と同じく君にも受け継がれている。歴史を振り返っても、ときにはっきりと、ときにひそやかに、あちこちにストア派の足跡が認められる。

ストア哲学の神髄は行動である。つまり精神の働きで障害をくつがえす能力を鍛えるのだ。立ちはだかる問題を、広い文脈でとらえ、その本質を見抜く。物事を哲学的な目で見て、それに応じて行動するのだ。

本書で紹介してきたように、ストア派をはじめとする哲学を、それと知らずに最良のかたちで実践してきた人は数え切れないほどいる。彼らは著述家ではなく教師でもなく、実践者であった。君と同じだ。

けれども長い間にこの種の知恵は、狭い世界に閉じこもった利己的な学者たちによって、私たちの手から取り上げられ、勝手に使われ、故意に難解なものにされてきた。私たちは哲学の真の利用法——人生の苦難に立ち向かうためのオペレーティング・システムとしての利用法を奪われてしまったのだ。

哲学とは決して教室で起きたことではない。人生の戦場から得られた教訓の集大成なのだ。

エピクテトスの有名な語録『Enchiridion』のラテン語原題を翻訳すると、「手元に」となり、「手の中に」と訳すこともある。これこそまさに哲学の目的とするものだ。手で持って、君の道具とすること。哲学とは一度読んだら本棚にしまっておくものではない。アウレリウスも書いたように、哲学の目的は私たちを剣士ではなくボクサーにすることだ。武器を振り回すのではなく、拳を固めればいい。

願わくばこの本が、ほんのわずかでもこれらの教訓を伝えることができて、君が自分の力で自分を守れるようになれればうれしい。

今では君も哲学者であり、行動の人である。両者は矛盾するものではないのだ。

謝辞

私をストア哲学への道に引き入れてくれた人々のなかで、ドリュー・ピンスキー医師は特別な存在だ。私はそのころ大学生で、ピンスキー医師（当時、人気ラジオ番組Lovelineのホストだった）が司会を務める、学生記者のささやかな内輪の会合に招待された。終了後、部屋の隅に立っているピンスキー医師におそるおそる近づき、「何かお勧めの本はありませんか」と質問した。医師は「エピクテトスという名前の哲学者を今研究しているところだから、君も読んでみるといい」と答えた。私はホテルに戻り、Ａｍａｚｏｎ（アマゾン）でエピクテトスの本と、それからもう一冊、グレゴリー・ヘイズの翻訳によるマルクス・アウレリウスの『自省録』を注文した。『自省録』のほうが先に届いた。以来、私の人生は一変した。

最愛の恋人サマンサにも感謝を言いたい。付き合い始めてから何週間もたたないころ、サマンサが特別な存在だと感じる瞬間があった。私が熱く語っていた『自省録』を、サマンサが自分でも買って読んでくれたのだ。それからもう何年もプライベートの場で、ストア派らしからぬ私の言動を我慢してくれていることにも本当に感謝している。いつも長い散歩につきあって、私が思っていることをべらべらしゃべるのを聴いてくれることにも感謝したい。飼い犬のハンノにも感謝を（といってもハンノにこの本は読めないが）。君はいつも、今を生きることを、純粋に心から楽しむことを思い出させてくれる。

君が読み終えたばかりのこの本は、ニルス・パーカーがいなければ誕生しなかった。パーカーの編集と、一緒に行った長時間のディスカッションによって本書は形づくられた。さらに私の代理人として後押ししてくれたスティーブン・ハンゼルマンと、担当編集者のニキ・パパドプロスにも大変お世話になった。パパドプロスは本書の意義を信じ、前作からかけ離れたテーマにもかかわらず応援してくれた。それからエイドリアン・ザックハイムは私にチャンスをくれ、「ポートフォリオ」（ペンギングループの出版社）の作家として使ってくれた。ここに感謝を申し上げる。

私の師匠でありメンターでもあるロバート・グリーンにもお礼を申し上げねばならない。グリーンは、私が資料としてさまざまな本を読むのを手伝ってくれたうえ、一つのメッセージを、一冊の本を編み上げる技を教えてくれた。書き上げた草稿に対しても貴重な意見をいただいた。

哲学する生き方と行動する生き方は矛盾しないことを教えてくれたアーロン・レイとタッカー・マックスにも感謝を。タッカーは私にもっともっと本を読むように勧めてくれた（マルクス・アウレリウスとともにエピクテトスも読むように言ってくれたのもタッカーだった。今これを書きながら、二人で交わした懐かしいEメールを読み返している。私はエピクテトスを読んだあと、君に山ほど質問をしたものだ）。アーロンにも特別な感謝を言いたい。アーロンのおかげで私は学校を飛び出し、現実の世界で生きようと決意することができた。ティム・フェリスは、二〇〇九年に自分のウェブサイトでストア派について書くように私を誘ってくれた。感謝している。それから二人でアムステルダムで話し込んだこと、あれは本書の執筆に大いに役立った。

ジミー・ソニとロブ・グッドマンには素晴らしい注釈（とカトーに関する本）について、ショーン・コインには三部構成というアイデアについて、Art of Manliness.comのブレット・マッケイには本書を推薦してくれたことについて、マティアス・マイスターにはブラジリアン柔術についての知識と指導について、それぞれお世話になった。ガーラント・ロビネット、エイミー・ホリデイ、ブレント・アンダーウッド、マイケル・タニーにも、本書を読んだ意見と指摘をくれたことにお礼を言いたい。ソーシャルニュースサイトRedditの掲示板「/r/stoicism」にも感謝を。この偉大なコミュニティは私のいろいろな質問に答え、さらにたくさんの問いを喚起してくれた。また長年ウェブ上でストア哲学の発展に寄与してきたサイトNew Stoa にも感謝申し上げたい。

ここまでに挙げた人々に加えて、無数の人々や作家から教わった物語や知恵が本書には詰まっている。私はそれを、皆に読んでもらえる本にまとめたわけだが、その過程で、自分がそうした先人の知恵にいかに助けられてきたかを思い知った。本書は、私などよりよほど賢く、聡明な人々の思考と行動の結晶であると強く感じている。読者の方々にもそんなふうに本書を読み、知恵の結晶を味わっていただけたらと願っている。

それから次の各所にもお礼を言わなければ。ナショナルアートクラブ、ロサンゼルス・アスレチッククラブ、ニューヨーク公共図書館、カリフォルニア大学リバーサイド校の図書館、スターバックスの各店舗、それに飛行機にも（ふだん書き物や調べ物に利用させてもらっているので）。

SELECTED BIBLIOGRAPHY

参考文献

※参考文献における邦訳書籍を抜粋したリストです。著者が提示した英語文献の邦訳ではない場合があります。

邦訳書籍一覧

アリンスキー著『市民運動の組織論』（未来社）

ウェルギリウス著『アエネーイス』（岩波書店）

ウォルター・アイザックソン著『スティーブ・ジョブズ　Ⅰ・Ⅱ』（講談社）

ヴィクトール・E・フランクル著『夜と霧』（みすず書房）

エリック・リース著『リーン・スタートアップ　ムダのない起業プロセスでイノベーションを生みだす』（日経BP社）

オリソン・マーデン著『成功するまであきらめない「必ずやる」と決心した人だけが夢をかなえる！』（ゴマブックス）

ギャヴィン・ディー＝ベッカー著『暴力から逃れるための15章』（新潮社）

キャンディス・ミラード著『大統領の冒険　ルーズベルト、アマゾン奥地への旅』（エイアンドエフ）

50セント／ロバート・グリーン著『恐怖を克服すれば野望は現実のものとなる　50セント成り上がりの法則』（トランスワールドジャパン）

サイモン・クリッチリー著『哲学者たちの死に方』（河出書房新社）

サミュエル・スマイルズ著『自助論』（三笠書房）

ジェームズ・S・ハーシュ著『ハリケーン』（講談社）

ジョシュア・ウルフ・シェンク著『リンカーン　うつ病を糧に偉大さを鍛え上げた大統領』（明石書店）
ジョルジョ・ヴァザーリ著『芸術家列伝　1・2・3』（白水社）
スティーヴン・プレスフィールド著『やりとげる力』（筑摩書房）
セネカ著『生の短さについて　他二篇』（岩波書店）
セネカ著『セネカ哲学全集』（岩波書店）
セネカ著『道徳書簡集：倫理の手紙集』（東海大学出版会）
トム・ウルフ著『成りあがり者　上・下』（文藝春秋）
トム・ウルフ著『ザ・ライト・スタッフ　七人の宇宙飛行士』（中央公論社）
ナシーム・ニコラス・タレブ著『ブラック・スワンの箴言　合理的思考の罠を嗤う392の言葉』（ダイヤモンド社）
ハーブ・コーエン著『FBIアカデミーで教える心理交渉術　どこでも使える究極の技法』（日本経済新聞出版社）
フロリダ・スコット=マクスウェル著『八十歳、わが日々を生きる』（草思社）
ベイジル・ヘンリー・リデルハート著『リデルハート戦略論　間接的アプローチ　上・下』（原書房）
ポール・キャロル／チュンカ・ムイ著『7つの危険な兆候　企業はこうして壊れていく』（海と月社）
ポール・ジョンソン著『チャーチル　不屈のリーダーシップ』（日経BP社）
ポール・ジョンソン著『ナポレオン』（岩波書店）
マシュウ・ジョセフソン著『エジソンの生涯』（新潮社）
マルクス・アウレーリウス著『マルクス・アウレーリウス自省録』（岩波書店）
マルクス・アウレリウス著『マルクス・アウレリウス「自省録」』（講談社）
マルコムX著『完訳マルコムX自伝　上・下』（中央公論新社）
宮本武蔵著『五輪書』（岩波書店）
モンテーニュ著『モンテーニュ随想録』（国書刊行会）
ロバート・グリーン／ユースト・エルファーズ著『権力（パワー）に翻弄されないための48の法則　上・下』（パンローリング）
ロバート・グリーン著『マスタリー　仕事と人生を成功に導く不思議な力』（新潮社）
ロン・チャーナウ著『タイタン　ロックフェラー帝国を創った男　上・下』（日経BP社）

参考文献一覧

Alinsky, Saul.
Rules for Radicals. New York: Vintage, 1989.
アリンスキー著『市民運動の組織論』（未来社）

Aurelius, Marcus.
Meditations: A New Translation (Modern Library). Translated by Gregory Hayes. New York: Modern Library, 2002.
マルクス・アウレーリウス著『マルクス・アウレーリウス自省録』（岩波書店）
マルクス・アウレリウス著『マルクス・アウレリウス「自省録」』（講談社）

Bakewell, Sarah.
How to Live: Or a Life of Montaigne in One Question and Twenty Attempts at an Answer. New York: Other Press, 2010.

Becker, Gavin de.
The Gift of Fear and Other Survival Signals That Protect Us from Violence. New York: Dell, 1999.
ギャヴィン・ディー=ベッカー著『暴力から逃れるための15章』（新潮社）

Bell, Madison Smartt.
Toussaint Louverture: A Biography. New York: Pantheon, 2007.

Bonforte, John.
The Philosophy of Epictetus. Literary Licensing, LLC, 2011.

Brodsky, Joseph.
On Grief and Reason: Essays. New York: Farrar, Straus and Giroux, 1995.

Carroll, Paul B., and Chunka Mui.
Billion Dollar Lessons: What You Can Learn from the Most Inexcusable Business Failures of the Last 25 Years. New York: Portfolio Trade, 2009.
ポール・キャロル／チュンカ・ムイ著『7つの危険な兆候　企業はこうして壊れていく』（海と月社）

Chernow, Ron.
Titan: The Life of John D. Rockefeller, Sr. New York: Random House, 1998.
ロン・チャーナウ著『タイタン　ロックフェラー帝国を創った男　上・下』（日経ＢＰ社）

Cicero, Marcus Tullius.
On the Good Life (Penguin Classics). Translated by Michael Grant. New York: Penguin, 1971.

Cohen, Herb.
You Can Negotiate Anything: The World's Best Negotiator Tells You How to Get What You Want. New York: Bantam, 1982.
ハーブ・コーエン著『FBIアカデミーで教える心理交渉術　どこでも使える究極の技法』（日本経済新聞出版社）

Cohen, Rich.
The Fish That Ate the Whale: The Life and Times of America's Banana King. New York: Farrar, Straus and Giroux, 2012.

Critchley, Simon.
The Book of Dead Philosophers. New York: Vintage, 2009.
サイモン・クリッチリー著『哲学者たちの死に方』（河出書房新社）

Dio, Cassius.
The Roman History: The Reign of Augustus. New York: Penguin, 1987.

Doyle, Charles Clay, Wolfgang Mieder, and Fred R. Shapiro.
The Dictionary of Modern Proverbs. New Haven: Yale University Press, 2012.

Earhart, Amelia.
The Fun of It: Random Records of My Own Flying and of Women in Aviation. Reprint edition. Chicago: Academy Chicago Publishers, 2000.

Emerson, Ralph Waldo.
Nature and Selected Essays. New York: Penguin, 2003.

Epictetus.
Discourses and Selected Writings (Penguin Classics). Translated by Robert Dobbin. New York: Penguin, 2008.

Epicurus.
The Essential Epicurus (Great Books in Philosophy). Translated by Eugene O'Connor. Buffalo: Prometheus Books, 1993.

Evans, Jules.
Philosophy for Life and Other Dangerous Situations: Ancient Philosophy for Modern Problems. Novato, CA: New World Library, 2013.

Everitt, Anthony.
The Rise of Rome: The Making of the World's Greatest Empire. New York: Random House, 2012.

Feynman, Richard P.
Classic Feynman: All the Adventures of a Curious Character. Edited by Ralph Leighton. New York: W. W. Norton, 2005.

Frankl, Viktor E.
Man's Search for Meaning. New York: Touchstone, 1984.
ヴィクトール・E・フランクル著『夜と霧』（みすず書房）

Fraser, David.
Knight's Cross: A Life of Field Marshal Erwin Rommel. New York: Harper Perennial, 1994.

Fronto, Marcus Cornelius.
Marcus Cornelius Fronto: Correspondence, I. translated by C. R. Haines. Cambridge: Harvard University Press, 1919.

Goodman, Rob, and Jimmy Soni.
Rome's Last Citizen: The Life and Legacy of Cato, Mortal Enemy of Caesar. New York: Thomas Dunne Books, 2012.

Graham-Dixon, Andrew.
Caravaggio: A Life Sacred and Profane. New York: W. W. Norton, 2012.

Grant, Ulysses S.
Ulysses S. Grant: Memoirs and Selected Letters: Personal Memoirs of U. S. Grant/Selected Letters, 1839-1865. New York: Library of America, 1990.

Greenblatt, Stephen.
Will in the World: How Shakespeare Became Shakespeare. New York: Norton, 2005.

Greene, Robert.
The 48 Laws of Power. New York: Viking Adult, 1998.
ロバート・グリーン／ユースト・エルファーズ著『権力（パワー）に翻弄されないための48の法則　上・下』（パンローリング）

Greene, Robert.
33 Strategies of War. New York: Penguin, 2007.

Greene, Robert.
Mastery. New York: Viking Adult, 2012.
ロバート・グリーン著『マスタリー　仕事と人生を成功に導く不思議な力』（新潮社）

Greene, Robert, and 50 Cent.
The 50th Law. New York: Harper, 2009.
50セント／ロバート・グリーン著『恐怖を克服すれば野望は現実のものとなる　50セント成り上がりの法則』（トランスワールドジャパン）

Greitens, Eric.
The Heart and the Fist: The Education of a Humanitarian, the Making of a Navy SEAL. New York: Houghton Mifflin Harcourt, 2011.

Hadot, Pierre.
The Inner Citadel: The Meditations of Marcus Aurelius. Translated by Michael Chase. Cambridge: Harvard University Press, 2001.

Hadot, Pierre.
Philosophy as a Way of Life: Spiritual Exercises from Socrates to Foucault. Translated by Arnold Davidson. Malden: Wiley-Blackwell, 1995.

Hadot, Pierre.
What Is Ancient Philosophy? Translated by Michael Chase. Cambridge: Harvard University Press, 2004.

Haley, Alex.
The Autobiography of Malcolm X: As Told to Alex Haley. New York: Ballantine Books, 1987.
マルコムX著『完訳マルコムX自伝　上・下』（中央公論新社）

Hart, B. H. Liddell.
Strategy. New York: Penguin, 1991.
ベイジル・ヘンリー・リデルハート著『リデルハート戦略論　間接的アプローチ　上・下』（原書房）

Heraclitus.
Fragments (Penguin Classics). Translated by Brooks Haxton. New York: Penguin, 2003.

Hirsch, James S.
Hurricane: The Miraculous Journey of Rubin Carter. New York: Houghton

Mifflin Harcourt, 2000.
ジェームズ・S・ハーシュ著『ハリケーン』（講談社）

Isaacson, Walter.
Steve Jobs. New York: Simon & Schuster, 2011.
ウォルター・アイザックソン著『スティーブ・ジョブズ　I・II』（講談社）

John, Tommy, with Dan Valenti.
TJ: My 26 Years in Baseball. New York: Bantam, 1991.

Johnson, Jack.
My Life and Battles. Edited and translated by Christopher Rivers. Washington, DC: Potomac Books, 2009.

Johnson, Paul.
Churchill. New York: Viking, 2009.
ポール・ジョンソン著『チャーチル　不屈のリーダーシップ』（日経ＢＰ社）

Johnson, Paul.
Napoleon: A Life. New York: Viking, 2002.
ポール・ジョンソン著『ナポレオン』（岩波書店）

Johnson, Samuel.
The Witticisms, Anecdotes, Jests, and Sayings, of Dr. Samuel Johnson, During the Whole Course of His Life. Farmington Hills, MI: Gale ECCO Press, 2010.

Josephson, Matthew.
Edison: A Biography. New York: Wiley, 1992.
マシュウ・ジョセフソン著『エジソンの生涯』（新潮社）

Kershaw, Alex.
The Liberator: One World War II Soldier's 500-Day Odyssey from the Beaches of Sicily to the Gates of Dachau. New York: Crown, 2012.

Lickerman, Alex.
The Undefeated Mind: On the Science of Constructing an Indestructible Self. Deerfield Beach: HCI, 2012.

Lorimer, George Horace.
Old Gorgon Graham: More Letters from a Self-Made Merchant to His Son. New York: Cosimo Classics, 2006.

McCain, John, and Mark Salter.
Faith of My Fathers: A Family Memoir. New York: HarperCollins, 1999.

McPhee, John.
Levels of the Game. New York: Farrar, Straus and Giroux, 1979.

McPhee, John.
A Sense of Where You Are: Bill Bradley at Princeton. New York: Farrar, Straus and Giroux, 1999.

Marden, Orison Swett.
An Iron Will. Radford, VA: Wilder Publication, 2007.
オリソン・マーデン著『成功するまであきらめない 「必ずやる」と決心した人だけが夢をかなえる！』（ゴマブックス）

Marden, Orison Swett.
How They Succeeded: Life Stories of Successful Men Told by Themselves. Hong Kong: Forgotten Books, 2012.

Meacham, Jon.
Thomas Jefferson: The Art of Power. New York: Random House, 2012.

Millard, Candice.
The River of Doubt: Theodore Roosevelt's Darkest Journey. New York: Doubleday, 2005.
キャンディス・ミラード著『大統領の冒険 ルーズベルト、アマゾン奥地への旅』（エイアンドエフ）

Millard, Candice.
Destiny of the Republic: A Tale of Madness, Medicine and the Murder of a President. New York: Doubleday, 2011.

Montaigne, Michel de.
The Essays: A Selection. Translated by M. A. Screech. New York: Penguin, 1994.
モンテーニュ著『モンテーニュ随想録』（国書刊行会）

Morris, Edmund.
The Rise of Theodore Roosevelt. New York: Random House, 2010.

Musashi, Miyamoto.
The Book of Five Rings. Translated by Thomas Cleary. Boston: Shambhala,

2005.
宮本武蔵著『五輪書』（岩波書店）

Oates, Whitney J.
The Stoic and Epicurean Philosophers: The Complete Extant Writings of Epicurus, Epictetus, Lucretius, Marcus Aurelius. New York: Random House, 1940.

Paul, Jim, and Brandon Moynihan.
What I Learned Losing a Million Dollars. New York: Columbia University Press, 2013.

Percy, William Alexander.
Lanterns on the Levee: Recollections of a Planter's Son. Baton Rouge: LSU Press, 2006.

Plutarch.
The Makers of Rome: Nine Lives (Penguin Classics). Translated by Ian Scott-Kilvert. New York: Penguin, 1965.

Plutarch.
On Sparta (Penguin Classics). Translated and edited by Richard J. A. Talbert. New York: Penguin, 2005.

Plutarch.
Essays. Edited by Ian Kidd. Translated by Robin H. Waterfield. New York: Penguin, 1993.

Pressfield, Stephen.
The War of Art: Winning the Inner Creative Battle. New York: Rugged Land, 2002.
スティーヴン・プレスフィールド著『やりとげる力』（筑摩書房）

Pressfield, Stephen.
Turning Pro: Tap Your Inner Power and Create Your Life's Work. New York: Black Irish Entertainment, 2012.

Pressfield, Stephen.
The Warrior Ethos. New York: Black Irish Entertainment, 2011.

Ries, Eric.
The Lean Startup: How Today's Entrepreneurs Use Continuous Innovation to

Create Radically Successful Businesses. New York: Crown Business, 2011.
エリック・リース著『リーン・スタートアップ　ムダのない起業プロセスでイノベーションを生みだす』（日経ＢＰ社）

Roosevelt, Theodore.
Strenuous Epigrams of Theodore Roosevelt. New York. HM Caldwell, 1904.

Sandlin, Lee.
"Losing the War." Chicago Reader. March 6, 1997.

Sandlin, Lee.
Storm Kings: The Untold History of America's First Tornado Chasers. New York: Pantheon, 2013.

Schopenhauer, Arthur.
Essays and Aphorisms (Penguin Classics). Translated by R. J. Hollingdale. New York: Penguin, 1973.

Schopenhauer, Arthur.
The Wisdom of Life and Counsels and Maxims. Translated by T. Bailey Saunders. Buffalo: Prometheus Books, 1995.

Scott-Maxwell, Florida.
The Measure of My Days. New York: Penguin, 1979.
フロリダ・スコット=マクスウェル著『八十歳、わが日々を生きる』（草思社）

Sellars, John.
Stoicism. Berkeley: University of California Press, 2006.

Seneca, Lucius Annaeus.
Stoic Philosophy of Seneca: Essays and Letters. Translated by Moses Hadas. New York: W. W. Norton, 1968.
セネカ著『セネカ哲学全集』（岩波書店）

Seneca, Lucius Annaeus.
Letters from a Stoic (Penguin Classics). Translated by Robin Campbell. New York: Penguin, 1969.
セネカ著『道徳書簡集：倫理の手紙集』（東海大学出版会）

Seneca, Lucius Annaeus.
On the Shortness of Life. Translated by C.D.N. Costa. New York: Penguin, 2005.

セネカ著『生の短さについて　他二篇』（岩波書店）

Shenk, Joshua Wolf.
Lincoln's Melancholy: How Depression Challenged a President and Fueled His Greatness. New York: Houghton Mifflin Harcourt, 2005.
ジョシュア・ウルフ・シェンク著『リンカーン　うつ病を糧に偉大さを鍛え上げた大統領』（明石書店）

Sherman, William Tecumseh.
Memoirs of General W. T. Sherman. (Library of America). New York: Library of America, 1990.

Simpson, Brooks D.
Ulysses S. Grant: Triumph Over Adversity, 1822-1865. New York: Houghton Mifflin Harcourt, 2000.

Smiles, Samuel.
Self-Help. Berkeley: University of California Libraries, 2005.
サミュエル・スマイルズ著『自助論』（三笠書房）

Smith, Jean Edward.
Eisenhower in War and Peace. New York: Random House, 2012.

Stockdale, James B.
Courage Under Fire: Testing Epictetus's Doctrines in a Laboratory of Human Behavior. Stanford: Hoover Institution Press, 1993.

Taleb, Nassim Nicholas.
The Bed of Procrustes: Philosophical and Practical Aphorisms. New York: Random House, 2010.
ナシーム・ニコラス・タレブ著『ブラック・スワンの箴言　合理的思考の罠を嗤う392の言葉』（ダイヤモンド社）

Taleb, Nassim Nicholas.
Antifragile: Things That Gain from Disorder. New York: Random House, 2012.

Taliaferro, John.
All the Great Prizes: The Life of John Hay, from Lincoln to Roosevelt. New York: Simon & Schuster, 2013.

Vasari, Giorgio.
The Lives of the Most Excellent Painters, Sculptors, and Architects (Modern

Library Classics). Edited by Philip Jack. Translated by Gaston du C. de Vere. New York: Modern Library, 2006.
ジョルジョ・ヴァザーリ著『芸術家列伝　1・2・3』（白水社）

Virgil, translated by Robert Fagles.
The Aeneid. New York: Penguin, 2010.
ウェルギリウス著『アエネーイス』（岩波書店）

Washington, George.
Washington on Courage: George Washington's Formula for Courageous Living. New York: Skyhorse Publishing, 2012.

Watson, Paul Barron.
Marcus Aurelius Antoninus. New York: Harper & Brothers, 1884.

Wilder, Laura Ingalls.
Writings to Young Women from Laura Ingalls Wilder—Volume Two: On Life as a Pioneer Woman. Edited by Stephen W. Hines. Nashville: Tommy Nelson, 2006.

Wolfe, Tom.
A Man in Full. New York: Farrar, Straus and Giroux, 1998.
トム・ウルフ著『成りあがり者　上・下』（文藝春秋）

Wolfe, Tom.
The Right Stuff. New York: Picador, 2008.
トム・ウルフ著『ザ・ライト・スタッフ　七人の宇宙飛行士』（中央公論社）

Xenophon.
Xenophon's Cyrus the Great: The Arts of Leadership and War. Edited by Larry Hedrick. New York: Truman Talley Books, 2006.

ストア哲学の読書リスト

数ある「哲学」の中でも、オリジナルの原典が、後生の学者が書いたものより分かりやすく読みやすいのはストア哲学くらいだろう。これはすごいことだ。直接原典にあたってテーマに飛び込んでいけるのだから。ストア派の哲人たちの書は誰にでも読めると確信している。以下がお勧めの本だ。原典の英訳版と、参考書籍をあわせて紹介する。

※邦訳版については邦訳書籍一覧をご覧下さい。

マルクス・アウレリウス『自省録』（モダン・ライブラリー）

マルクス・アウレリウスの書の英訳としては、これが決定版だ。モダン・ライブラリーから出ているグレゴリー・ヘイズの翻訳はまさに秀逸なできだ。残念ながら他社から出ているほかの翻訳はどれも期待外れである。ヘイズの翻訳は「thou」「art」「shall」（いずれも古語）を一切使っていない。しかも美しく品がある。私はこれまで文字どおり何千もの人々に本書をお勧めしてきた。君もぜひ買ってほしい。人生が変わるはずだ。

セネカ『ストア派からの手紙』（および『生の短さについて』）

ペンギン社から出ている両書の翻訳は出色のできだ。ストア派を探求しようと思うなら、セネカからアウレリウスから始めるのが一番だ。セネカはストア派には珍しく、ずいぶん愉快な人物だったようだ。『生の短さについて』（短い小論を集めたもの）を読んでから、書簡集に移るのがいいと思う（実際には手紙というより小論に近いものだ）。

エピクテトス『語録』（ペンギン）

個人的にはペンギン社から出ている翻訳が好きだが、ほかにもいくつか翻訳が出ており、どれも重大な相違はない。ここで挙げた三大哲人の中ではエピクテトスが一番説教くさく、面白みはないかもしれない。が、折にふれて物事の本質を的確に、深く突いたその言葉に胸を揺さぶられるだろう。

以上に挙げた翻訳は、どれも私が本書で利用したものでもある。

ほかの本や著者について

乱暴に思われるかもしれないが、ストア哲学について書かれたほかの本はほとんど無視して差し支えないと考えている（自分で読んだうえでの結論だ）。一つだけ例外は、ピエール・アドの著作である。ほかのストア派学者やストア派愛好家の皆さんはたいていポイントがずれているか、いたずらに物事を難しくしているかのどちらかだが、アドだけは読むと理解が深まる。たとえば、その著書『ジ　インナー　シタデル（The Inner Citadel）』の中でマルクス・アウレリウスについてこんな解釈を披露している。アウレリウスは世界の成り立ちを体系的に説明しようとしたのではなく、皇帝として自ら実践していた実際的な知恵をまとめていたのだ、と。これはアウレリウスを理解するうえで重要な指摘だ。また、『フィロソフィー　アズ　ア　ウェイ　オブ　ライフ（Philosophy as a Way of Life）』では、哲学がいかに誤って受け止められ、人々が実践するものから議論するものに変わってしまったかを論じた。もし君が本気で実践的な哲学に打ち込みたいなら、アドの著作は外せない（アドはこのほか、セネカ、マルクス・アウレリウス、エピクテトスの翻訳も手がけており、それは原典を訳すことで自分の研究に生かすためであるが、なかなかいい仕事だ）。

ほかにも読むべき作家や哲学者の本はあり（特に格言や金言を集めたもの）、どれもおおむねストア派の思想に沿っている。

ヘラクレイトス

プルタルコス

ソクラテス

キケロ

モンテーニュ

アルトゥル・ショーペンハウアー

本書（原書）はペンギン・ランダムハウスから刊行されたが、だからというわけではなく、ペンギン・クラシックスのシリーズから読み始めることをお勧めする。

ストア哲学の記事＆オンラインの資料

http://www.fourhourworkweek.com/blog/2009/04/13/stoicism-101-a-practical-guide-for-entrepreneurs/

http://www.fourhourworkweek.com/blog/2012/10/09/stoicism-for-modern-stresses-5-lessons-fromcato/

http://www.fourhourworkweek.com/blog/2011/05/18/philosophy-as-a-personal-operating-system-from-seneca-to-musashi/

http://www.newstoa.com/（ストア哲学研究者の人名録）

http://www.reddit.com/r/Stoicism（ソーシャルニュースサイトReddit上のストア哲学の掲示板）

http://www.youtube.com/watch?v=nLD09Qa3kMk（マイケル・サグルーによるストア哲学に関する素晴らしい講義動画）

http://philosophy-of-cbt.com/（おそらくストア哲学に関する最良のブログ）

http://philosophyforlife.org/（ストア哲学の権威ジュールス・エバンスのブログ）

READING RECOMMENDATIONS

お勧め書籍

（訳注：この書籍リストは英語版のみです）

本書とそこに収めた物語は、幸運にも人生でめぐり合った無数の本から得たものだ。私は毎月、自分で読んだお勧めの本を短くまとめ、Eメールで配信している。購読者ははじめ四〇人ほどにすぎなかったが、今では世界中で一万人を超えている。過去五年間で、私が勧め、論じ、読者と意見を交わした本は数千冊にのぼる。

君もお勧め書籍のリストを受け取りたければ、私のサイトRyanholiday.net/Reading-Newsletter/で登録してほしい。

あるいは、私のメールアドレスryan.holiday@gmail.comにメールを送ってくれてもいい（件名にReading Listと書いてくれればいい）。

THE OBSTACLE IS THE WAY
by Ryan Holiday

This edition published by arrangement with Portfolio, an imprint of Penguin
Publishing Group, a division of Penguin Random House LLC
through Tuttle-Mori Agency, Inc., Tokyo

■著者紹介
ライアン・ホリデイ（RYAN HOLIDAY）
メディア戦略家《ストラテジスト》。作家としても著名で、戦略やビジネスをテーマに執筆を行う。19歳で大学を中退し、ベストセラー作家ロバート・グリーン（『権力（パワー）に翻弄されないための48の法則（パンローリング）』等）に師事する。修業時代を経て、人気作家や有名ミュージシャンのアドバイザーとして活躍。衣料品メーカー、アメリカン・アパレルのマーケティングディレクターも務めた。そのマーケティング手法はツイッター、ユーチューブ、グーグルなどでケーススタディとして採用され、アド・エイジ、ニューヨーク・タイムズ、ファスト・カンパニーなどのメディアでも紹介された。

処女作『トラスト　ミー　アイム　ライイング：コンフェッションズ　オブ　ア　メディア　マニピュレイター（Trust Me, I'm Lying: Confessions of a Media Manipulator)』はフィナンシャル・タイムズに「衝撃の問題作」と評され、デビュー作にしてベストセラーとなった。今では世界中の大学で教材に使われている。ホリデイは現在、ニューヨーク・オブザーバー紙の編集顧問であり、米国の人気ウェブサイトThought Catalogにも寄稿している。仕事場はテキサス州オースティンの自宅。

■訳者紹介
金井啓太（かない・けいた）
東京外国語大学外国語学部卒業。ラヂオプレス通信社を経て、フリーの翻訳者に。訳書に『知能のパラドックス』（PHP研究所）、『人生のどんな局面でも前向きになれる10の法則』（アルファポリス）など。

■翻訳協力
株式会社トランネット
http://www.trannet.co.jp

2016年10月３日　初版第１刷発行

フェニックスシリーズ㊴

苦境《ピンチ》を好機《チャンス》にかえる法則

著　者　　ライアン・ホリデイ
訳　者　　金井啓太
発行者　　後藤康徳
発行所　　パンローリング株式会社
〒160-0023　東京都新宿区西新宿 7-9-18-6F
TEL 03-5386-7391　FAX 03-5386-7393
http://www.panrolling.com/
E-mail　info@panrolling.com
装　丁　　パンローリング装丁室
組　版　　パンローリング制作室
印刷・製本　株式会社シナノ
ISBN978-4-7759-4158-4

“俺の言ったことさえできていれば
15分で女をモノにできる”

著者 ニール・ストラウス

ザ・ゲーム

退屈な人生を変える
究極のナンパバイブル

◎ 訳：田内志文

ISBN 978-4-7759-4104-1　四六判 672頁

定価：本体1,600円＋税

ガリ・ハゲ・チビの音楽ライターがなぜ全米一のナンパ師に上り詰められたのか。米のナンパコミュニティや達人たちの実態を暴いたノンフィクション。

ザ・ゲーム
30デイズ 極上女を狙い撃つ

◎ 訳：難波道明

ISBN 978-4-7759-4116-4　四六判 576頁

定価：本体1,600円＋税

『ザ・ゲーム』の大ヒットをうけて書かれた、まさに「ナンパ師養成マニュアル」!!　壁は高いが、乗り越えた先に現在とは別次元の世界が見えるはずだ。

第3弾『THE TRUTH』 2016年 冬刊行予定

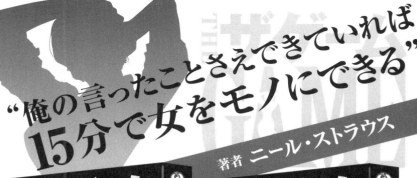

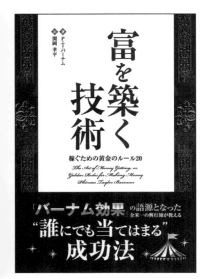

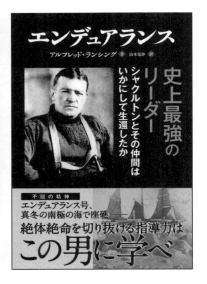